영화 스님의
선禪 명상

영화 스님의

선 명상

禪

The American Chan
Handbook

운주사

한국의 독자들에게

미국 대승불교의 핵심 수행법인 이 책을 한국의 독자들에게 소개하게 되어 기쁩니다. 대승불교의 선은 이미 한국에 널리 알려져 있습니다. 그런데 왜 굳이 아메리칸 선을 한국에 소개하는 걸까요?

수백 명을 가르친 우리의 경험에 의해 아메리칸 선은 더 높은 수준의 영성에 도달하는 데 도움이 된다는 사실을 알게 됐습니다. 이 책에 명확하게 설명된 가르침을 따라 실행에 옮기면 스스로 많은 이로움을 얻을 수 있습니다. 게다가 선지식의 도움을 받게 된다면, 여러분은 더 높은 단계로 진전하고 심지어 이생에 깨달음을 얻을 수도 있습니다. 저의 많은 학생들, 즉 승가와 재가 수행자들은 이를 실행에 옮기고 있습니다.

그러나 아메리칸 선은 누구나 할 수 있는 것은 아닙니다. 저는 2017년부터 한국을 방문하여 많은 이들을 만나면서 한국 사람들에 대해 많이 배우고 느꼈습니다. 한국인들은 영적인 진보에 필요한 깊은 뿌리와 매일 수행하기 위한 끈기, 절제력과 집중력을 가지고 있다고 저는 믿습니다.

아메리칸 선은 빠르게 변화하고 스트레스가 많은 삶에 대처하기 위해 신체적, 정신적으로 많은 이점을 제공합니다. 그리고 당연히, 배우는 이가 계속 이 길을 걷다 보면, 더 많은 혜택을 발견할 것입니다. 영적 향상의 깊이는 각 개인이 들인 시간과 정진에 비례하며, 무엇보다도 진실한 마음에 달려 있습니다. 결과적으로 아메리칸 선은 우리의 본래 성품으로 돌아가는 관문을 제시해 줄 것입니다.

영화YongHua

2024년 2월

제1부 명상과 선禪

제2부 선禪 수행의 요지

들어가는 글

명상은 고요함을 통해 신체적·정신적·정서적·영적 균형을 회복하는 여정입니다. 여러분은 그 길 위에서 본래 지니고 있던 지혜가 열리고 내면의 안식처를 발견하며 깊은 평안을 느낄 것입니다.

이 책은 명상을 가장 중점에 두는 선(禪, Chan)불교의 기본적인 명상 방법들을 소개합니다. 이미 수많은 명상 관련 서적이 있는데, 또 다른 책이 더 필요한지 의문이 들 것입니다. 하지만 이 책은 비밀스러운 선 수행의 방법들을 가르치고 있다는 점에서 유일하며, 이는 다른 곳에서 찾아보기 매우 어렵거나 찾기가 거의 불가능합니다. 이 수행 방법들은 불교의 창시자인 석가모니 부처님 시대부터 2,500년 이상 구전口傳을 통해 스승에게서 제자로 전해 내려오고 있습니다.

명상으로 쉽고 빠르게 효과를 볼 수 있다며, 모호하고 부정확한 정보를 전하는 수많은 명상 서적들이 있습니다. 반면에 이 책은 꾸준하게 열심히 노력하는 것만이 진정한 결실에 이를 수 있다는 현실에 대해 훨씬 더 자세하고 명확하게 설명합니다.

가장 기본적인 수준에서, 우리는 선의 강력한 수행법들을 삶에 즉각적이고 실제적으로 적용함으로써 더 큰 집중력을 계발하고, 업무와 일과를 개선하는 데 도움을 받을 수 있을 것입니다. 규칙적인 훈련을 통해 집중력이 높아지면 평정심을 갖게 됩니다. 또한 더욱 건강해지고, 하고자 하는 모든 일을 더 효과적으로 할 수 있게 될 것입니다.

명상이 의료 서비스를 대신할 수는 없지만, 건강 전반에는 매우 유익합니다. 의학적 연구에 따르면 명상은 스트레스를 줄이고, 기억력을 높이며, 혈압을 낮춰줍니다. 저는 개인적으로 모든 연령대의 사람들이 명상으로 만성 통증이 줄어들고, 활력이 높아지며, 혈액순환이 개선되는 것을 보았습니다.

명상은 슬픔, 두려움, 분노와 같은 번뇌로부터 초연하게 해주고, 삶의 모든 측면에서 더 좋은 관계를 유지하는 데 도움을 줍니다. 또한, 우울증 등 마음의 병을 다루는 데 있어서 효과적인 것으로 밝혀졌습니다.

이런 기본적인 이점에 만족한다면 건강을 개선하고 집중력을 높이기 위해 명상 기술을 계발하는 것으로도 충분할 수 있습니다. 그렇지만 이런 실질적인 혜택이 명상을 하는 유일한 목적은 아닙니다. 이 책에 기반이 되는 선에 대한 문헌들을 살펴보면, 더 깊은 수준의 수행을 원하는 사람들의 진정한 목표는 깨달음임을 알 수 있습니다. 깨달음은 견성見性이라고 알려져 있습니다.

명상을 시작하는 단계에서 여러분은 마음을 비우고 집중의 기술을 익히게 될 것입니다. 선 수행이 더 진전되면 상급자들을 위한 심화된 형태의 명상을 배울 수 있습니다. 높은 단계의 방법으로 법法 또는 불교의 가르침을 관하고 자비와 자애를 계발하며 지혜를 펼치게 됩니다. 궁극적으로 여러분이 키운 이런 이해로 여러 수준에서 다른 이들을 돕게 될 것입니다.

만일 주요 목표가 건강 및 스트레스 감소와 같은 것이라면, 여러분 혼자서도 잘 해낼 수 있습니다. 그러나 좀 더 빠르게 또는 더 높은 단계로 도약하고 싶다면, 좋은 명상 스승을 찾으십시오. 나아가 영적 여정에서 여러분의 열망이 통찰과 지혜를 계발하는 것이라면, 좋은 스승을 찾는 것은 필수적입니다.

그렇지만 훌륭한 스승을 찾기는 정말로 어렵습니다. 이 책은 훌륭한 스승을 대신하기 위해 고안된 것이 아니며, 여러분이 그런 스승을 찾을 때까지 수행의 지침서가 되어줄 것입니다. 그러므로 이 책은 혼자 명상하는 사람들을 위한 것입니다. 훌륭한 스승에 대해서는 10장 '선지식'에서 다루겠습니다.

이 책은 저의 개인적인 선 수행 체험에서 시작됩니다. 명상을 처음 접하게 되었을 때, 저는 매우 혼란스러웠습니다. 출가한 지 얼마 지나지 않아 첫 번째 스승인 선화상인께서 입적하셨고, 저는 선에 대한 그 다음의 지침을 찾아야만 했습니다. 가르침을 이해하고 잘못된 지침들을 가려내기 전까지 근 십여 년의 시간을 혼란스럽게 보내야 했습니다.

이 책을 쓸 수밖에 없었던 중요한 이유 중 첫 번째는, 명상에 관한 정확한 정보를 찾기가 너무나도 어렵다는 사실 때문입니다.

두 번째 이유는, 규칙적으로 명상하는 대다수 사람들처럼 선이 주는 락(bliss, 樂)을 좋아하기 때문입니다. 저는 선에서 아주 많은 것을 얻었기 때문에 이를 함께 공유하여 여러분도 저와 같은 이로운 경험을 할 수 있기를 바랍니다.

선에 관한 지식을 나누고자 하는 세 번째 이유는, 스승님들의 은혜에 보답하기 위해서입니다. 스승님들의 자비로운 가르침과 관대한 지원이 없었더라면 저는 선에서 많은 것을 얻지 못했을 것입니다.

이 책을 쓴 마지막 이유는, 홀로 수행하는 사람들이 흔히 빠지게 되는 중요한 함정을 피할 수 있게 방법을 알려주기 위해서입니다. 이 책은 명상을 하는 여러분의 노력이 헛되지 않도록 올바른 초석이 되어줄 것입니다.

원컨대 이 책의 후속편에서 제가 겪은 더 많은 경험과 지침을 추가할 수 있기를 바랍니다.

제 1 부

명상과 선 禪

1/ 명상을 해야 한다

우리는 매일 외부 자극에 시달립니다. 사실은 우리가 자극을 찾아다닙니다. 눈은 모양과 형상을 쫓고, 귀는 기분 좋은 소리를 추구하며, 코는 향기에 취합니다. 또한 입은 풍미를 소중히 여기며 대상에서 감촉을 찾습니다. 마음은 끊임없이 움직이고, 분석하고, 판단하며, 결정합니다. 요컨대 감각은 우리가 깨어 있는 한 늘 흥분해 있습니다. 우리의 날뛰는 마음을 가라앉히기 위해 명상은 외적인 자극에서 벗어나 내면을 바라보라고 가르칩니다. 명상은 마음의 엔진을 식히고 균형감, 즉 온전함을 회복할 수 있게 해줍니다.

명상은 몸과 마음의 균형뿐만 아니라 영적인 균형도 이루게 합니다. 우리는 신체적, 정서적, 지성적 욕구에 너무 사로잡혀 있어서 영적 필요를 채우는 것을 대부분 등한시합니다. 신체와 지성을 단련하는 데 많은 투자를 하지만, 영적인 훈련에 투자하는 방법은 잘 모르고 있습니다.

영성靈性은 행복의 토대입니다. 이를 외면하면 혼란 속에 살게 됩니다. 영성을 돌보면 삶은 더욱 평화롭고, 안정되며, 의미가 있을 것입니다. 명상 학생들은 더 편안해 보이고, 심지어 신체적인 문제도 극복합니다. 예를 들어 70대의 한 여성은 150센티미터에 45킬로그램 정도 되는 아담한 체격의 소유자였습니다. 제가 그녀를 처음 만났을 때 이 분은 이미 20년 동안 명상을 해오고 있었습니다. 명상은 그녀의 만성 편두통에 효과적이었으나, 오랜 경험에 비해 명상의 수준은 그다지 높지 않았습니다. 초급 실력의 학생들이 정체하는 것은 흔한 일입니다. 그녀가 처음 사찰에 왔을 때는 관절염, 신장병, 발목 부종 등을 호소했습니다. 우리와 함께 두세 달 동안 명상을 하고 기술을 익히자, 집중력은 꽤 높아졌고 만성 통증은 줄어들었습니다. 근 4년 동안 선을 닦고 난 후 더 이상 통증에 대해 불만을 토로하지 않았고 활력이 넘쳤습니다. 그녀는 더 높은 수준으로 도약하고 잠재적 가능성을 성취하게 해주는 상급의 기법들을 배웠습니다.

또 다른 학생은 몇 년 동안 요가를 하고 난 후 명상을 배우고 싶어서 찾아왔습니다. 그는 큰 다국적 기업의 수석 엔지니어로, 심한 스트레스를 다루기 위한 방편으로 요가를 하고 있었습니다. 선 수행을 시작하고 나서 두 달 후 집중력은 향상되기 시작했고, 요가보다 선이 스트레스를 줄이는 데 훨씬 더 효과적임을 알게 되었습니다. 가정과 직장에서의 관계 또한 확연히 개선되었습니다.

선의 효과는 가상이 아닙니다.

또 다른 학생은 방광암이 있었습니다. 그녀의 주치의는 1년 안에 암으로 방광이 망가질 것이라고 말했습니다. 그녀는 결장루 주머니를 달고 사는 것을 거부하고 죽음을 준비했습니다. 독실한 가톨릭 신자였지만, 호기심으로 우리에게 와서 즐겁게 수업에 임했습니다. 몇 달 후 우리는 선을 한번 해보라고 권유했습니다. 그녀의 명상 실력은 빠르게 향상되었습니다. 1년간 선 수행을 하고 영적으로 약사여래불법(불교의 전문적 기도법 중 하나)의 도움을 받은 이후, 그녀의 주치의는 방광암의 진행이 멈췄다고 말했습니다. 결국, 주치의가 처음에 평생 복용해야 한다고 했던 약들을 끊었습니다. 주치의가 병이 회복되었다는 소식을 자기에게 어떻게 전했는지 다음과 같이 설명했습니다. "자기 이마를 긁적거리며 당황한 얼굴로 '일어날 수 없는 일이 일어났어요.'라고 말했어요." 여전히 이 분은 건강하게 지냅니다.

저 역시 빠르게 에너지를 재충전할 필요가 있어서 명상을 시작했습니다. 그 당시 저는 기업 경영진에서 일했는데 스트레스로 저의 몸은 고갈되었습니다. 우리 사찰의 대다수 학생처럼 얼마 지나지 않아 명상이 스트레스를 줄이고 체력 향상에 효과적임을 알게 되었습니다. 3개월 수행 후 처음으로 통증의 장벽을 돌파했고, 곧바로 혈액순환이 개선되어 손과 발이 더 이상 차가워지지 않았습니다. 통증의 장벽을 돌파하는 것은 중요한 성과 단계(milestone)로 보통 결가부좌를 하고 60분에서 90분 동안 앉을 때 일어납니다. 제8장에서 통증의 장벽에 대해 좀 더 이야기할 것입니다.

어느 날 가족의 지인인 한 한의사가 저에게 디톡스를 해보라고 권유했습니다. 그는 저에게 복용할 약초를 주면서 독소가 방출될 때 구토와 설사가 유발될 거라고 일러주었습니다. 그러면서 참을 수 없을 만큼 고통스러울 때 먹을 수 있는 상비약을 미리 준비해 두라고 말했습니다. 그날 밤 저는 해독제를 먹었고, 두 시간 만에 구토와 함께 설사를 시작했습니다. 네 시간 정도 참은 후, 날이 밝을 무렵에는 의식이 혼미했습니다. 구토가 멈춰서 몸을 이끌고 거실에 있는 의자로 갔습니다. 내 평생 이렇게 오랜 시간 동안 아픈 적은 없었습니다. 상비약을 먹기로 결심했지만, 너무 기진맥진해서 도저히 일어나 부엌으로 걸어갈 수 없었습니다. 그래서 힘을 모으기 위해 몇 분 정도 선에서 사용하는 깊은 호흡을 시작했습니다. 놀랍게도, 2분 동안의 깊은 호흡으로 통증과 급격한 구토 증상은 사라졌습니다. 명상은 약초를 중화시켰고 저는 상비약을 먹을 필요가 전혀 없었습니다. 이 경험은 저에게 선에 관한 믿음을 심어주었습니다.

선의 목적은 선정의 힘을 기르는 것, 즉 집중력을 계발하는 것입니다. 선은 올바른 지침을 통해 강력한 기반을 구축하는 집약적인 훈련입니다. 우리가 가르치는 선의 접근 방식은 집중력을 계발하는 데 필요한 충분한 지식과 설명을 제공하기 위한 것이지, 여러분을 선 전문가로 만들거나 선사禪師가 되도록 돕기 위해 고안된 것은 아닙니다. 성공적인 수행자가 되더라도 선을 가르치려면 아직 배워야 할 것들이 많습니다.

만일 여러분이 집중력을 계발할 수 있다면, 가족과 사랑하는 사람들에게 도움이 될 수 있는 정신력과 명료한 마음을 갖게 될 것입니다. 그들이 괴로워할 때 여러분은 침착하게 차분함을 잃지 않으며, 그들이 한계에 도달했을 때 문제를 해결하도록 조언해줄 수 있습니다. 이것은 환경과 다른 사람들에 의해 영향을 덜받는 여러분의 역량 때문일 것입니다.

우리의 선 수행자들은 직장에서 더 생산적이고, 직장 상사들은 그들의 가치를 더 높게 평가하는 것 같습니다. 또한 자신들의 일과 동료들에게 감사할 줄 알고 많은 면에서 만족해합니다.

우리의 바람은 학생들이 지역사회와 국가에 이바지하는 소중한 일원이 되는 것입니다. 그것이 바로 사회에 봉사하는 선 수행자의 정신입니다.

선에서 혜택을 얻기 위해 굳이 불자가 될 필요가 없다는 것을 주목하십시오. 실제로 서로 다른 종교적 배경을 가진 사람들은 묵상과 기도처럼 선 명상이 그들의 수행에 도움이 된다는 것을 알게 됩니다.

2/ 왜 선인가?

선은 대승불교의 중요한 수행으로, 인도에서 중국으로 전해졌으며, 중국에서 뿌리를 내린 이후 동아시아 전역으로 퍼져 나갔습니다. 대승불교는 동남아시아의 상좌부불교 및 티베트의 금강승불교와 대비됩니다.

우리의 대승불교 수행 방식은 1960년대 선화상인이 중국에서 미국으로 가져온 법맥法脈에서 유래합니다. 선화상인의 가르침은 대승불교의 가장 심오한 것 중 하나이며, 2,000년 이상 된 전통에 뿌리를 두고 있습니다. 선화상인은 불교의 주요 종파 중 하나인 위앙종의 조사祖師로서 명상을 잘 알고 있었습니다.

대승불교의 명상 기법은 수백 년 전 일본인들이 중국으로 건너가서 배운 방법과 동일한 것으로, 일본 젠(Zen) 명상의 토대를 이룹니다. 사실 '젠'은 중국말 '챤(Chan)'의 일본식 발음입니다. 20세기 들어 젠은 서구에 전해졌습니다. 오늘날 젠은 미국에서 선보다 더 보편적이며 잘 알려져 있습니다. 하지만 본래 선의 일부만이 일본에 전해졌고, 일본 젠의 일부만이 미국에 전해졌습니다. 따라서 선의 가르침 전체를 알고 싶다면, 대승의 체계 하에 만들어진 중국 경전과 문헌의 의미들을 되짚어 봐야 합니다. 젠이라는 용어처럼, 선은 음역입니다. 특히 선은 집중을 의미하는 산스크리트어 디야나(Dhyana)의 중국식 발음입니다. 그렇지만 선이라는 용어의 쓰임은 좀 다른데, 좀 더 정확하게는 '지관止觀' 또는 '사유수思惟修'를 의미합니다.

그럼 먼저 '사유수'를 살펴보겠습니다. 이것은 올바른 사유의 수행을 의미합니다. 수행은 농사와 비슷합니다. 우리는 수확물을 거둬들이기 전에 올바른 씨앗을 잘 심고 열심히 가꾸어야 합니다. 그와 마찬가지로 선 수행자는 마음의 밭에 심어야 할 올바른 생각(정념正念)을 배웁니다. 올바른 생각을 키우면 산란함이 없어지고 집중력이 생깁니다.

무엇이 올바른 생각(正念)일까요?

① 삿되지 않은 정념: 모든 행위에는 결과가 따른다는 인과의 법칙과 상응합니다. 또 다른 말로는 '뿌린 대로 거둔다', '준 대로 되돌려 받는다', '자업자득'입니다.
② 이로운 정념: 올바른 생각은 우리가 원하는 것을 얻을 수 있도록 도와줍니다. 이것은 멋진 농구 시합을 하는 것에서부터 영적 균형을 성취하는 것에 이르기까지 광범위한 영역에 걸쳐 있습니다.

'지관止觀'은 '지止'와 '관觀'이 서로 연결되어 함께 작용합니다.

'지'의 과정에서 망념을 없애고 마음을 차분하게 합니다.

여기서 '망념'은 의식적인 생각의 작용, 즉 우리 모두에게 너무나도 익숙한 내면의 끊임없는 재잘거림을 말합니다. 실제로 사유는 바람직하지 않고 본질적으로 혼란스러워서 '그릇된' 것으로 간주합니다. 그렇지만 우리는 사유의 과정이 자연스럽고 꼭 필요하다고 믿는 경향이 있으며, 대개의 경우 사유 없이 더 잘 기능할 수 있다는 사실을 깨닫지 못합니다. 사실 우리는 종종 자신의 분석적 사유 과정에서 길을 잃고, 사유에 의존하여 타고난 지혜를 열지 못합니다. 지혜는 오직 명상을 통해서 자신의 마음 안에서만 발견할 수 있습니다.

'고요함'의 과정은 호수의 물이 잠잠해지는 것과 유사합니다. 호수 표면의 잔물결로 표현되는 우리의 마음은 보통 사유로 가득 차 있습니다. 선은 잔물결이 잠잠해지듯이 마음을 차분히 가라앉힙니다.

일단 호수 표면이 잠잠해지면, 그 바닥을 쉽게 들여다볼 수 있습니다. 그와 마찬가지로 마음이 고요해지면, 시야가 명료해져서 상황을 더 효과적으로 분간하고 식별할 수 있습니다. 이것을 '관觀'이라고 부릅니다. 마음이 덜 방황하면 직면한 문제를 더 쉽게 꿰뚫어 볼 수 있습니다. 다시 말해, 관觀은 고요해진 다음에 자연스럽게 이루어지는 성장의 과정입니다. 때가 되면 관觀은 우리의 고유한 지혜를 열게 해줍니다. '지관止觀'은 26장 '멈춤(止)과 통찰(觀)'에서 상세하게 설명할 것입니다.

선은 지적인 흥미를 유발하기 때문에 산더미처럼 많은 양의 문헌이 존재합니다. 많은 사람들이 선 문헌을 공부하기 좋아합니다. 그리고는 자신들의 지식을 확인하러 사찰에 와서 스님들에게 물어봅니다. 이것은 조사들이 말하는 '지적인 선'으로, 다소 얕은 수준의 앎을 나타냅니다. 선은 직접 수행해야 합니다. 그것은 단순히 배움의 과정이나 논쟁거리가 아니라 삶의 방식입니다.

선은 다음과 같이 알려져 있습니다.

① 언어에 의존하지 않음(不立文字)
② 곧바로 마음을 가리킴(直指人心)
③ 가르침 외에 별도로 전해짐(敎外別傳)
④ 참된 본성을 보고 깨달음(見性成佛)

'언어에 의존하지 않음'이란 선의 심오한 앎은 경험하고 깨달아야 한다는 의미입니다. 이것은 중국말로 체회體會라고 부릅니다. 체體는 몸으로 진리를 경험하는 것이고, 회會는 마음으로 그 진리를 관통하는 것을 가리킵니다. 어느 시점을 넘으면, 아무것도 말로 표현할 수 없습니다. 실제로 깨달음의 경험은 설명할 수 없습니다. 말로 묘사하려 하거나 이야기하려는 사람은 아직 그러한 경지를 알지 못한 것입니다.

'곧바로 마음을 가리킴'은 선을 가르치는 방식을 말합니다. 노련한 선사는 학생들에게 마음의 작용에 관해 알려줍니다. 다시 말해, 선사는 학생들의 마음이 어디가 막혀 있는지를 파악합니다. 사실 선사가 그것을 인식하고 말해 주지 않으면, 학생들은 자신들의 문제를 눈치채지 못할 것입니다.

'가르침 외에 별도로 전하는' 까닭은 불교 경전에 기록된 가르침이나 교리에 의지하지 않기 때문입니다. 가르침과 교리들은 부처님의 설법집인 경장經藏에 상세하게 설명되어 있습니다. 논장論藏은 부처님의 깨달은 제자들에 의한 주석서이고, 율장律藏은 불교의 모든 도덕과 행위 규범들을 담고 있습니다. 선의 방식은 불교 경전을 배제하지는 않지만, 수행자들이 지혜를 여는 데 오직 경의 가르침에만 의존하지는 않습니다. 그 대신, 선은 깨달은 조사가 제자들도 깨닫도록 돕기 위한 일련의 특별한 가르침들을 포함합니다.

'본성을 보고 깨닫는다'는 것은 선 수행의 목적을 한마디로 요약합니다. '본성'은 우리 모두에게 내재된 부처님의 성품을 가리킵니다. 가장 근원적인 수준에서 우리는 모두 같습니다. 깨닫는다는 것은 본성을 '본다(see)'는 의미입니다. 우리는 그것을 알아볼 수 있습니다. 본성을 보기 전까지 우리는 무지에 파묻혀서 마음은 명료하지 않으며, 망상에 빠져 오직 자아(ego)라는 필터를 통해야만 볼 수 있습니다.

이것은 기나긴 여정이며 하룻밤에 이룰 수 없음을 이해해야 합니다.

선이 깨달음에 이르는 유일한 길은 분명히 아니지만, 가장 직접적인 길로 깨달음을 얻게 해주는 강력한 방법입니다. 실제로 선은 집중력을 기르는 과정을 가장 자세하고 효과적으로 설명합니다. 그런 이유로 다른 불교 수행법의 수행자도 자신의 진전을 확인하기 위해 선에 의존합니다.

만약 여러분이 깨달음을 얻는 데 별 관심이 없다면 어떤가요?

걱정할 필요 없습니다! 만일 그렇다면, 어쨌든 여러분은 깨달음으로부터 꽤 멀리 있을 것입니다. 아무도 여러분에게 깨달음을 강요하지 않습니다. 만일 원한다면, 집중력을 기르기 위해 선수행 방법들을 배울 수 있습니다.

왜 집중력이 중요할까요? 집중할 수 없으면 아무것도 효과적으로 해낼 수 없기 때문입니다. 집중력은 당면한 과제에 계속 집중할 수 있는 역량이므로 다른 어떤 것에 의해 옆길로 새는 것을 막아줍니다. 예를 들어, 타이거 우즈(Tiger Woods)는 사적인 문제로 주의를 빼앗기기 전까지 엄청난 집중력을 가지고 있었습니다. 그의 집중력은 선정(dhyana)의 수준으로, 괄목할 만한 성과입니다. 11장에서 선정이나 집중의 단계를 상세하게 설명할 것입니다. 그 전에 먼저 기본적인 명상법을 소개하고자 합니다.

제 2 부

선 禪 수행의 요지

3/ 명상 스트레칭

결가부좌(초심자는 반가부좌 또는 평좌)는 신체적, 정신
적 훈련을 발전시키기 위해 사용하는, 명상의 중요한
부분입니다. 이번 장에서는 몸이 좀 더 유연해지도록 돕기 위한
특정한 동작들을 사진과 함께 제시합니다. 결가부좌에 숙달되
려면 시간이 걸리지만, 이로움은 굉장합니다. 기본적으로, 안정
적인 자세는 내면의 고요함과 심신에 대한 자유로움을 반영합
니다.

이 책은 명상하는 동안 통증을 극복하는 방법과 자신의 진행
상황을 점검하는 방법을 알려줄 것입니다. 다음의 동작들은 다
리를 유연하게 하고, 긴장을 풀고 몸을 준비시켜 결가부좌를 더
쉽게 하도록 도와줄 것입니다. 우리 학생들은 이러한 동작들을
행한 후 더 편안함을 느끼고 더 오래 앉아 있을 수 있다고 이야
기합니다.

한 번에 조금씩 모든 스트레칭을 다 해본 다음 자신에게 가장
잘 맞는 것을 찾으십시오. 그래서 좌선하기 전에 제시된 스트레
칭 중 세 개 또는 그 이상 선택합니다. 만일 신체의 다른 부위에

도 도움이 필요하면, 이번 장을 참조하기 바랍니다.

동작을 하기 전에 여러분의 주치의와 스트레칭 훈련을 점검해 보길 바랍니다.

대부분의 동작에서, 천천히 8초를 세는 동안 스트레칭 자세를 유지해야 합니다. 스트레칭을 하면서 숨을 내쉬되 반동을 주지 않습니다. 들숨에 집중하지 않고, 숫자와 날숨에만 집중합니다. 들숨은 자연스럽게 될 것입니다. 가장 중요한 것은 생각을 멈추고 걱정거리가 있는 마음을 비우는 것입니다.

서 있는 자세를 시작으로 머리에서부터 아래로 진행할 것입니다. 마지막으로 몇 가지 앉는 자세를 설명할 것입니다.

1) 목 스트레칭

어깨너비 간격으로 발을 벌리고 섭니다. 팔은 양옆에 편안하게
두고 머리를 앞으로 향합니다. 머리를 돌려 오른쪽 어깨를 바라
보면서 천천히 숨을 내쉬고 숫자를 세기 시작합니다. 가운데로
돌아와서 이번에는 왼쪽 어깨를 바라보면서 같은 동작을 반복합
니다. 이 동작은 8초를 셀 필요는 없습니다. 양쪽을 번갈아 몇 번
정도 진행합니다.

2) 머리와 목 돌리기

부드럽게 원을 그리듯이 머리를 돌립니다. 한 바퀴를 완전히 돌리고 나서 방향을 바꿉니다. 몇 번 반복합니다.

3) 상체 스트레칭

이제 상체를 스트레칭하겠습니다. 발을 어깨너비로 벌리고 서서
사진과 같이 등 뒤로 손을 뻗고 8초 동안 상체를 쭉 폅니다.

4) 어깨 돌리기

손은 양옆으로 편안하게 두고 으쓱하는 동작으로 어깨를 둥글게
돌립니다. 뒤쪽으로 시작한 다음 반대편 방향, 즉 앞으로 돌립
니다.

5) 팔 떨어뜨리기

팔꿈치를 구부리고 손가락 끝은 아래로 향한 채 두 손등을 맞대어 가슴 앞에 둡니다. 빠른 동작으로 팔을 떨어뜨리면서 입 밖으로 숨을 짧고 힘 있게 내쉽니다. 이 동작은 모든 저항과 긴장을 풀고 마음을 비우기 위한 것입니다. 같은 동작을 몇 번 더 반복합니다. 여기에 8초간의 규칙은 적용되지 않습니다.

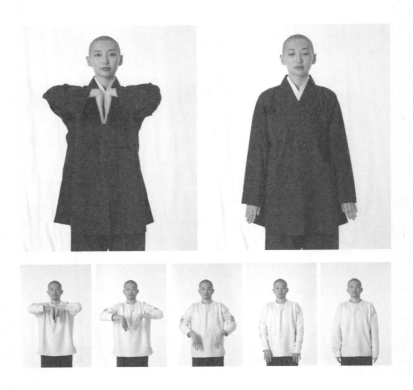

6) 서서 몸통 비틀기

이 자세는 기마 자세로 시작합니다. 발은 어깨너비보다 약간 더 넓게 벌리고 등을 편 채 무릎을 약간 구부립니다. 편안한 자세로 팔을 앞으로 내밀고 손바닥은 앞쪽을 향합니다. 상체를 오른쪽으로 비틀고 마치 벽을 밀듯이 양손을 뒤로 뻗습니다. 두 팔 사이로 뒤쪽을 바라봅니다. 8초 동안 자세를 유지합니다. 그런 다음 가운데로 돌아와서 왼쪽으로 같은 동작을 반복합니다.

7) 앞으로 구부리고 뒤로 젖히기

다음의 몇 가지 동작은 허리와 다리를 풀어줄 것입니다. 앞으로 구부리고 뒤로 젖히기 위해 두 발을 모으고 똑바로 섭니다.

숨을 내쉬면서 허리를 앞으로 구부리고 정수리는 편안하게 바닥을 향한 채 두 팔로 다리를 감쌉니다. 가능한 한 다리는 곧게 폅니다. 혹은 필요에 따라 무릎을 살짝 구부릴 수 있습니다.

숨을 들이쉬면서 일어섭니다. 손을 허리에 대고 허리를 지지하면서 바닥을 향한 채 뒤쪽으로 젖힙니다. 이때 가능하면, 뒤쪽의 벽을 바라보세요. 이제 숨을 내쉬면서 다시 상체를 앞으로 구부립니다. 이 두 가지 동작을 몇 번 반복합니다.

마지막으로 원한다면 8초 동안 각 동작을 유지해도 좋습니다. 하지만 등을 젖힌 자세를 유지할 때는 스트레칭 강도가 세므로 주의해야 합니다.

모든 자세에서 몸에 주의를 기울이고 너무 강하게 밀어붙이지 않습니다.

8) 무릎 돌리기

다시 두 발을 모으고 똑바로 섭니다. 허리는 굽히고, 다리는 펴고, 손은 무릎 위에 놓고 지지합니다. 이제 사진과 같이 무릎을 굽히고 오른쪽에서 왼쪽으로 돌립니다. 한 방향으로 같은 동작을 반복한 다음, 방향을 바꿔서 10번 반복합니다. 다리가 튼튼해지면 무릎을 더 아래로 굽히도록 합니다.

9) 기초 학 자세

이 훈련은 어깨와 함께 등과 뒷다리 관절의 힘줄을 풀어줍니다. 어깨너비로 발을 벌리고 서서, 팔은 편안하게 내려놓습니다. 오른발은 오른쪽 45도 각도 바깥쪽으로 돌리고 오른쪽 무릎을 가볍게 구부립니다. 오른쪽 발에 체중을 실으면서 왼쪽 발을 한 발짝 앞으로 내딛습니다.

허리에서부터 앞으로 구부리기 시작해서 왼쪽 다리 위로 상체를 뻗습니다. 동시에 사진처럼 오른손을 새부리 모양으로 만들고 오른팔을 공중으로 곧게 폅니다. 그리고 어깨를 돌려 왼발과 같은 방향으로 부리를 앞으로 향하게 합니다. 왼손을 오른 무릎 위에 대고 지지합니다. 8초 동안 유지합니다. 이것은 쿵푸의 학권과 유사합니다. 제자리로 돌아옵니다. 이번에는 오른발을 앞으로 내딛고 왼팔을 들어 8초 동안 유지합니다.

10) 고급 학 자세

이 자세는 기초 자세와 비슷하나, 상체를 곧게 뻗은 다리로 더 가깝게 숙입니다. 다리를 감싸 안는다고 생각하세요. 나머지 한 손으로 발목을 잡고 각각 8초 동안 유지합니다.

11) 발목 돌리기

바닥에 앉아 오른쪽 다리를 앞쪽으로 곧게 폅니다. 왼쪽 다리의
무릎을 구부리고 발목을 오른쪽 허벅지에 올립니다. 왼손으로
발목을 단단히 잡고, 오른손으로 왼발을 시계 방향으로 천천히
돌린 다음 시계 반대 방향으로 돌립니다. 양쪽에 각각 열 번씩
실행합니다. 이 동작을 하면 발목이 유연해져서 결가부좌를 하
는 데 도움이 됩니다.

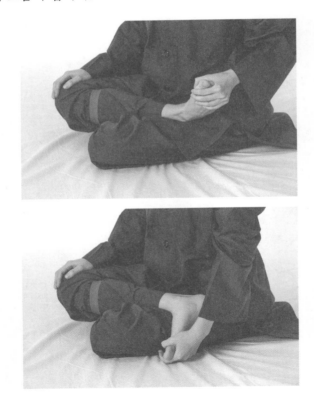

12) 엉덩이, 무릎, 허리 스트레칭

오른발은 앞으로 뻗은 채 왼쪽 무릎을 구부립니다. 왼쪽 발끝을 오른쪽 허벅지에 올려놓습니다. 왼손을 왼쪽 무릎 위에 올려놓고 부드럽게 바닥을 향해 밉니다. 숨을 내쉬면서 앞쪽으로 몸을 굽히고 오른손으로 오른발을 잡습니다. 이때 사진들처럼 가능한 한 손바닥과 발바닥이 닿아야 합니다. 이 동작이 힘들면, 손을 아래쪽 다리에 둘 수 있습니다. 양쪽 각각 8초 동안 유지합니다.

13) 나비 스트레칭

사진(위)처럼 발바닥을 마주 닿게 하고 가능한 한 몸 쪽으로 가깝게 가져옵니다. 부드럽게 1~2분 동안 새의 날갯짓처럼 다리를 위 아래로 움직여 다리를 이완합니다. 그런 다음 사진(아래)처럼, 머리가 발끝에 닿도록 몸을 앞으로 숙입니다. 8초를 세는 동안 한 번 혹은 두 번 스트레칭을 합니다.

14) 앉아서 상체 비틀기

다리를 편안하게 교차하고 앉습니다. 왼쪽 다리는 바닥에 대고
무릎을 굽힙니다. 오른쪽 다리는 왼쪽 허벅지 너머로 넘기고 발
바닥은 바닥에 놓습니다. 오른쪽 팔은 뒤편으로 보내서 바닥에
대고 지지합니다.

　왼쪽 팔꿈치를 접고 오른쪽 무릎을 밀어 왼쪽으로 돌립니다.
머리와 함께 상체를 오른쪽으로 비틀면서 오른쪽 어깨 너머를
바라봅니다. 이때 비틀면서 숨을 내쉽니다. 번갈아서 반대편도
해줍니다. 이 한 세트를 몇 번 실행합니다.

15) 흉곽 스트레칭

마지막 스트레칭은 서거나 의자에 앉거나 또는 바닥에 앉아서
할 수 있습니다. 손가락을 깍지 끼고 숨을 들이쉬면서 하늘을 향
해 손바닥을 뻗습니다. 흉곽을 풀어주기 위해 왼쪽과 오른쪽으
로 구부려주어도 좋습니다.

이상은 워밍업 스트레칭입니다. 이러한 스트레칭은 가능한 명상을 시작하기 바로 전에 하는 게 가장 좋습니다. 하지만 스트레칭할 시간이 없다면, 다른 시간대에 해도 장기적인 면에서 유연성을 길러주기 때문에 좌선에 도움이 될 것입니다. 때로는 좀 더 오래 하고 싶을 것이고, 또 다른 날에는 그 순간에 가장 적합한 몇 가지 동작만을 하고 싶을 것입니다.

일단 한 시간 또는 그 이상 편안하게 결가부좌를 하고 앉아 있을 수 있다면, 좌선 그 자체로 충분히 유연성은 길러질 것입니다. 따라서 더 이상 스트레칭에 그렇게 많이 의지할 필요는 없습니다.

가벼운 유산소 운동을 위해 가능하면 매일 30분 정도 걷는 것이 좋습니다. 걷는 동안 생각을 멈추고 마음을 맑게 유지합니다.

다음 장에서는 명상을 시작하기 위한 자세와 다른 기본 사항들을 좀 더 자세히 살펴보겠습니다.

4/ 자세 잡기: 명상의 기본

다리를 겹치고 평평한 바닥에 앉는 것이 가장 좋은 명상 자세입니다. 왜냐하면,

① 선정의 힘(禪定力)이 길러집니다.
② 더 깊은 삼매에 들어가게 합니다.

결가부좌는 가장 안정적이며 최고의 자세입니다. 결가부좌는 또 다른 이점이 있는데, 그것은 다음 장에서 설명할 것입니다. 그 다음으로 좋은 자세는 반가부좌입니다. 만일 도저히 어쩔 수 없다면, 편한 자세를 취하세요. 바닥에 앉을 수 없는 사람은 의자나 벤치에 앉아서 시작할 수 있습니다. 아래의 사진들과 설명을 참조하세요.

바닥에 그냥 앉는 것이 이상적입니다. 카펫이 깔린 바닥도 적당하지만 저는 마룻바닥을 더 선호합니다. 만일 시멘트나 돌바닥이라면, 깔개나 매트 같은 것을 깔고 앉아야 합니다. 왜냐하면 돌이나 콘크리트는 몸에서 에너지를 빠져나가게 하기 때문입니

다. 중국 의학에서는 몸의 자연적인 에너지를 기氣라고 부릅니다. 기가 빠져나갈 수 있기 때문에 등을 벽에 기대지 않는 것이 중요합니다. 만일 꼭 기대야 한다면, 여러분과 벽 사이에 절연체가 있어야 합니다.

어떤 사람은 젠(Zen) 명상 전통에서 사용하는 자푸(zafu)라고 하는 명상 방석에 엉덩이를 약간 올리고 앉기를 좋아합니다. 하지만 이것은 척추가 바로 세워지지 않기 때문에 피해야 합니다. 또한 너무 편하면 졸음에 빠집니다. 맨바닥에 앉거나 쿠션이 없는 단순한 패드가 훨씬 더 균형이 유지되고, 안정적입니다.

1) 평좌

이것은 바닥에 앉을 수 있는 가장 쉬운 자세입니다. 사진처럼 한쪽 다리로 다른 쪽 다리를 감습니다.

2) 반가부좌

왼쪽 다리를 오른쪽 허벅지 위에 올립니다. 사진처럼 오른쪽 다리를 왼쪽 다리 밑에 둡니다.

3) 결가부좌

먼저 반가부좌로 앉습니다. 사진처럼 손을 사용해 부드럽게 오른쪽 다리를 왼쪽 허벅지 위에 올려놓습니다.

모든 좌선에서 사진처럼 손은 선정인(Dhyana Mudra)을 한 채 단전 앞에 둡니다. 서로 맞닿은 엄지손가락은 기의 흐름을 돕기 위해 중요한 경락을 닫아줄 것입니다.

결가부좌를 하면 반가부좌보다 훨씬 더 높은 수준의 집중력을 계발하고 유지할 수 있습니다.

저는 결가부좌에 시간과 노력을 기울이라고 강력하게 권합니다. 사실 결가부좌는 선 수행에서 최고의 비밀 중 하나입니다. 처음에는 좀 고통스럽더라도 통증을 극복할 수 있으면, 그것은 분명 최고의 자세입니다. 8장은 통증을 다루는 법에 관해 설명할 것입니다.

같은 시간 동안 다른 자세로 앉는 것보다 결가부좌로 앉는 것이 훨씬 더 많은 장점이 있습니다. 저는 결가부좌를 하는 학생들에게 반가부좌를 하는 학생들보다 최소한 50배 이상의 이점이 있다고 말합니다.

처음에 결가부좌는 어색하고 불편하게 느껴질 것입니다. 만일 무릎이 경직되어 있다면 바닥에 닿지 않을 수 있습니다. 그럼에도 매일 연습하면 점점 더 유연해져서 마침내 자연스럽게 바닥에 닿을 것입니다.

다시 강조하지만 만일 이미 결가부좌가 가능하다면, 결가부좌를 하십시오. 그보다 쉬운 자세를 선택하지 않습니다. 고통 없이 얻는 것은 없습니다! 기억하십시오. 불편함을 견디면 더 빨리 집중력을 키울 수 있습니다.

반가부좌로 명상하던 40대 초반의 한 여성이 있었습니다. 독실한 불자인 그녀는 3년 동안 매주 사찰의 명상반에 참여했지만, 별다른 진전이 없었다고 제게 말했습니다. 2달간 제 명상반에서 선을 수행한 후 그녀는 결가부좌의 중요성을 알게 되었습니다.

어느 날 저는 그녀에게 결가부좌를 해보라고 권했습니다.

그녀는 말했습니다. "전 할 수 없어요."

제가 말했습니다. "아니요, 할 수 있어요."

다시 그녀가 말했습니다. "전 안 돼요. 전에도 해봤지만 잘 안 됐어요."

제가 몇 번을 더 권했습니다. 그리고는 결국 말했습니다. "지금 그냥 해보세요."

그녀는 다시 해보고 울음을 터트렸다. "믿을 수 없어요, 이제 돼요!"

자신을 과소평가하지 마세요. 결의를 다지고 실행할 의지만 있다면, 여러분 또한 때가 되면 결가부좌를 익힐 수 있습니다. 어떤 사람들은 곧바로 결가부좌를 시작할 수 있지만, 또 다른 사람들은 일 년 또는 그 이상의 시간이 걸릴 수도 있습니다. 하지만 신체적 상해를 입은 사람들을 제외하고 모든 사람은 결가부좌를 할 수 있는 역량을 갖고 있습니다.

4) 의자에 앉기

만약 필요하다면, 의자에 앉아서 명상해도 좋습니다. 의자를 사용하면, 반드시 발이 바닥에 닿아야 합니다. 발밑에 패드나 담요를 두는 것이 좋은데, 그 또한 절연체가 되어 도움이 됩니다. 가능한 한 등은 기대지 않고 척추를 똑바로 세워 앉는 것이 가장 좋습니다. 필요하면 등 뒤나 허리에 쿠션을 대도 좋습니다.

명상하는 동안 준수할 몇 가지 일반적인 지침들이 더 있습니다.

① 편안한 옷을 입습니다.

② 허리 부분을 똑바로 펴고 앉습니다.

③ 자연스럽게 등의 윗부분은 펴질 것입니다. 긴장을 풀고 등을 똑바로 편 상태를 유지하려고 노력합니다.

④ 명상하는 동안에는 움직이지 않습니다. 코를 긁지도 않습니다.

⑤ 눈은 감거나 3분의 1만 뜹니다. 가볍게 눈을 뜬다면, 시선은 2미터 앞 아래로 향합니다.

⑥ 시각이 산만해지는 것을 줄이기 위해 벽을 향해 앉습니다.

⑦ 외풍이 들어오는 곳을 피합니다.

⑧ 필요하다면 담요나 수건으로 다리를 따뜻하게 유지합니다.

⑨ 머리가 춥다고 느껴져도 모자를 쓰지 않습니다. 자연스럽게 따뜻해질 때까지 참습니다.

⑩ 춥다고 상체에 담요를 두르지 않습니다. 그 대신, 옷을 더 껴입습니다. 하지만, 조금 추운 게 가장 좋습니다. 너무 따뜻하면 졸음이 올 것입니다.

⑪ 혀는 말아 올려 앞니 윗부분의 뒤쪽 잇몸에 부드럽게 댑니다. 이것은 경락을 닫아서 기 에너지의 흐름을 더 좋게 합니다.

⑫ 입안에 고이는 침은 삼킵니다.

이는 명상할 때 기본자세입니다. 이제 명상에서 마음을 어떻게 해야 하는지에 대해 살펴볼 것입니다.

5장에서는 단전에 집중하는 방편을 알아볼 것입니다. 이것은 6장과 7장에서 논의할 다른 많은 명상 주제와 형태에 적용할 수 있는 것으로, 균형을 잡기 위한 기본 선 명상법입니다.

5/ 단전 알기

'단전^{丹田}'은 우리 몸의 무게 중심을 말합니다. 선불교에서는 배꼽이나 그 뒤에 위치합니다.

명상할 때 배꼽에 집중합니다. 시간이 지남에 따라, 배꼽 또는 바로 그 뒤에서 공(ball) 같은 게 느껴질 것입니다. 그것이 단전입니다. 선의 기술이 향상됨에 따라 이 자각은 계속 커질 것입니다. 그러면서 결국 여러분의 스승은 올바른 지침과 확신을 줄 수 있습니다.

처음에, 만약 단전을 찾기 어려우면, 새끼손가락을 배꼽에 살며시 닿게 하고 그 다음 눈을 감고 배꼽의 위치를 머릿속에 그립니다. 머지않아 눈을 감고 손가락을 사용하지 않아도 명상하는 동안 단전으로 돌아올 수 있습니다.

왜 단전에 집중하는 방편을 사용할까요?

첫째, 사유 과정이 줄어들기 때문입니다. 머리와 떨어져 있는 곳에 주의를 집중함에 따라 사유 과정은 자연스럽게 감소하기 때문에 마음은 더 빠르게 고요해집니다. 이것이 두 눈썹 사이,

코끝, 정수리 등에 비해 우리가 단전에 집중하는 것을 더 선호하는 이유입니다.

제가 아는 30대 초반의 한 젊은 남성은 반가부좌로 매일 한 시간 동안 규칙적으로 명상을 합니다. 명상하는 동안 습관적으로 자기의 콧구멍에 집중했고, 일부 명상 기법을 익혀 락(樂, bliss)이 특징인 3선에 이미 도달했습니다. 제가 단전에 집중해보라고 제안하자, 그는 생각이 더 줄어들고 마음은 더 고요해진다는 것을 그 즉시 알게 되었습니다.

둘째, 단전은 기가 모이는 장소입니다.

기는 인간의 에너지, 생명력입니다. 더 잘 집중할수록 단전에 기는 더 잘 모입니다. 도교인들은 단전을 '기의 바다'라고 부릅니다. 기는 단전에서 나와 몸의 경락과 에너지 통로를 통해 흐릅니다.

단전에 집중함에 따라, 우리는 자연스럽게 기의 바다에 더 많은 기를 채워 넣습니다. 따라서 몸을 통해 흐르는 기의 양은 증가합니다. 명상으로 치유가 되는 이유는 이 때문입니다. 몸 어딘가에 기의 흐름이 막히면 질병이 발생합니다. 기의 순환이 강해지면 막힌 곳이 뚫리고 치유됩니다.

그런 이유로 참선 수업, 특히 선칠禪七에 참여한 사람들은 더 건강해졌다고 말합니다. 선칠은 집중 훈련 기간으로 28장에서 설명합니다. 심지어 어떤 사람들은 만성질환이 없어지기도 합니다. 우리는 여기서 어떠한 의학적 주장도 하지 않습니다. 그렇지만 만약 여러분이 진지하게 선 수행을 한다면, 직접 확인해 볼 수 있을 것입니다.

가령, 저의 동료 수행자는 당뇨병이 있었습니다. 꽤 능숙한 수행자였는데, 약 한 달 동안 선칠에 참여했습니다. 그 기간 동안 그는 인슐린 주사조차 맞을 필요가 없었습니다. 왜냐하면 선 수행이 자연스럽게 혈당의 문제를 해결했기 때문입니다.

셋째, 단전에 집중함으로써 호흡에 신경쓰지 않아도 자연스럽게 더 깊이 호흡합니다. 상좌부불교 명상 전통의 호흡 방법에 신경쓰는 학생들에게 저는 호흡을 무시해 버리라고 합니다. 제가 여태 수십 년 동안 호흡에 전혀 집중하지 않았음에도 아직 숨쉬고 있다고 그들을 안심시킵니다.

선은 단순합니다. 지침이 단순할수록 잘못된 길로 갈 기회는 줄어듭니다.

우리는 선과 정토 수행을 병행하는 사람들에게 명상 자세로 앉아서 단순히 배꼽에 염불하라고 가르칩니다. 여러분 또한 배꼽에 진언을 암송하고, 배꼽에 관상법觀相法을 사용할 수 있습니다.

명심하십시오. 단전은 마음의 닻으로, 과도하고 통제하기 어려운 생각을 줄이는 데 사용할 방편이나 도구일 뿐입니다. 기공이나 태극권 같은 외도의 수행법은* 단전을 배꼽 아래에 둡니다. 하지만 그런 비불교적인 방식들보다 불교적 방식은 훨씬 더 높이 나아갈 수 있기 때문에 배꼽을 단전으로 사용하는 게 더 좋습니다. 이에 대한 구체적인 설명은 이 책에서 다루고자 하는 범위를 벗어납니다. 여러분이 높은 단계의 수행자가 되면 이것은 자연스럽게 더 명백해질 것입니다.

여러분들 대다수가 단전을 느끼고 감지할 수 있다고 말했지만, 단전을 전혀 느끼지 못하는 사람들도 있습니다. 그러나 걱정할 것은 없습니다. 오직 단전에만 계속 집중하세요. 앞서 말했듯이, 단전에 대한 감각은 계속 발달할 것입니다.

일화를 하나 들어보겠습니다. 도교를 수행하는 한 지인이 있었습니다. 그는 영안(靈眼, 영적인 눈)이 열려 사람들의 단전을 살필 수 있었고 사람들마다 단전이 얼마나 독특하고 매력적인지를 저에게 말해주었습니다. 그는 내 단전을 볼 수 있도록 허락해 달라고 말했습니다. 저는 동의했습니다. 그는 즉시 결가부좌를 한 다음 눈을 감고 들여다보기 시작했습니다. 5분 후 눈을 뜨고 당혹스러운 표정을 지었습니다. 저는 그 이유를 물었고, 그는 아무것도 볼 수 없었다고 말했습니다. 그에게 저의 단전은 허공처럼

---

* 대부분의 비불교적인 영적 수행은 천국이나 특정한 신처럼 마음 밖에서 진리를 찾기 때문에 외도로 간주됩니다. 외도들은 궁극적인 해답이 마음 안에 있음을 잘 이해하지 못합니다. 반면에 불교인들은 해탈하기 위해 마음의 본성을 살핍니다. 목표는 유사하지만, 방법은 다릅니다.

보이는 것 같았습니다.

단전을 느끼는 방식은 그 자체로 큰 의미가 없는 또 다른 경계일 뿐임을 명심하세요. 자신의 명상적 역량에 너무 빠져 있으면 더 많은 집착을 키워서 성장을 방해할 것입니다. 불자로서 우리의 목표는 자신을 내려놓고 자유롭게 하는 것입니다. 따라서 명상하는 동안 만나는 경계에 끄달리지 말아야 합니다. 어떤 현상이 일어나든 단지 바라만 보고 놓아버리세요.

6/ 정토 염불법

이제 명상 자세를 알았고 단전에 대해서도 좀 이해했습니다. 그럼, 집중할 명상 주제를 정해야 할 때입니다.

다른 종교를 수행하는 사람들은 그들이 믿는 신의 이름을 염송하는 것처럼 비불교적 방식을 사용할 수 있습니다. 그러나 불교인들이나 불교 수행에 호의적인 사람들에게는 주로 '아미타불'을 염불할 것을 권합니다. 염불은 선과 정토 수행을 병행하는 데 있어서 중요한 부분입니다.

아미타불은 서방 극락 정토로 알려진, 서쪽에 멀리 떨어진 불국토(현대어로 은하계)의 교주인 부처님입니다. 그 국토는 경이로운 곳입니다. 왜냐하면 그곳은 괴로움이 없고, 태어나는 사람들은 모두 완전한 깨달음에 이를 때까지 계속 수행할 수 있기 때문입니다. 정토라고 알려진 서방 극락 정토는, 말하자면 불교식 버전의 천국입니다. 아미타불의 명호를 염불하는 수행은 많은 공덕을 낳고, 정토에 왕생하는 주요한 조건 중 하나입니다. 그런 건 믿지 않는다고 하면서 경계할 필요는 없습니다. 그저 마음을 열고 당분간 시도해 보세요. 아무런 해가 없을 것입니다. 그러면 여러분에게 어떤 효과가 나타나는지 알 수 있고, 이후에 자신의 수행을 위해 이 염불법이 올바른 방법인지를 판단할 수 있습니다.

선을 진정 이해하는 사람은 정토 불교의 중요성을 이해할 것입니다. 더 상세한 정보는『정토 수행 지침서 Ⅰ』(운주사, 2021년)을 참고하기 바랍니다. 여기서는 명상과 관련된 간단한 내용만 소개하겠습니다.

정토 불교는 특히 동아시아에서 가장 대중적인 형태의 불교이기 때문에 아시아의 수행자들은 정토 수행과 꽤 친숙할 것입니다. 많은 사람들이 이미 염불念佛을 하고 있습니다. 실제로 정토 불교는 흔히 염불법으로 알려져 있습니다. 염불은 간편하지만 매우 강력하여 훌륭한 방법이라고 저는 생각합니다.

이 방법을 사용하려면 우선 마음이 진실해야 합니다. 그런 다음 '아미타불'을 염송합니다. 각 음절의 강세를 같게 해서 '아-미-타-불'이라고 발음합니다. 입으로 소리를 내는 동안 귀로는 아주 주의 깊게 그 소리를 들어야 합니다. 호흡에 신경 쓸 필요는 없습니다. 큰 소리로 염송하거나 속으로 염불하며 마음속의 소리만 듣습니다. 여러분이 편안하게 느끼는 방법이면 무엇이든 다 좋습니다. 반복적인 음률을 따르거나 그냥 말하는 톤으로 해도 됩니다.

부처님의 명호는 진언과 같이 끊임없는 망념을 정화하는 데 도움을 줍니다. 오직 명호에만 집중하고 염불이 어떻게 점차 부질없는 생각들을 모두 없애버리는지 바라봅니다.

하지만 더 좋은 것은 여러분이 내는 소리를 듣는 동시에 주의를 단전에 두고 염불하는 것입니다. 심지어 묵언으로 염불하더라도 머지않아 마음으로 그 소리를 들을 수 있을 것입니다. 만일 충분히 깊이 오랫동안 집중하면, 수행할수록 자연스럽게 더 이해할 것입니다

명상의 소리를 관하는 관음법문觀音法門은 우리 세계에서 가장 강력하고 적합한 방법 중 하나입니다. 왜냐하면 우리의 청각을 사용하여 명상에 더 잘 전념할 수 있게 해주기 때문입니다.

이것이 우리가 염불을 통한 명상을 선호하는 이유입니다. 우리 학생들은 선과 정토 수행을 병행하여 자주 좋은 결과를 얻습니다. 성심껏 염불하는 많은 학생은 어렵지 않게 끊임없이 염불할 수 있다고 보고합니다. 심지어 일부는 자는 동안에도 염불할 수 있습니다.

다른 부처님이나 보살의 명호를 염불하는 사람도 있지만, 대부분은 아미타불을 염불합니다.

7/ 다른 방법들

이번 장은 다른 중요한 방법들에 대해 간단하게 살펴 보겠습니다. 일단 수행이 점점 더 진전되면, 여러분의 상황에 맞춰 더 깊이 있는 지침을 줄 수 있는 선지식을 찾길 바랍니다. 그와 관련해서는 10장에서 더 논의할 것입니다.

우리는 온종일 생각하는 것에 익숙하기 때문에 선에서는 생각을 줄이기 위해 명상 주제를 사용합니다. 독과 싸우기 위해 독을 활용하는 형국이라 꽤 효과적입니다. 다시 말해, 선에서는 생각을 멈추기 위해 생각을 활용합니다. 마음이 사방으로 돌아다니지 않고 오직 한 생각에만 집중하도록 방편을 사용합니다. 그 한 생각이 바로 명상 주제입니다.

1) 호흡 세기

아직 이 방법을 수행하지 않았다면 한동안 시도해보아야 합니다. 이 방법으로 호흡의 과정에 대해 더 많은 통찰을 얻을 수 있기 때문입니다. 또한 집중을 잘 하지 못하는 마음을 다스리는데도 아주 좋습니다.

호흡은 우리의 생명력과 연결되어 있습니다. 그러나 많은 사람들이 제대로 숨 쉬는 방법을 모릅니다. 예를 들어, 우리는 충분히 깊게 숨을 쉬지 못합니다. 긴장하면 호흡은 짧아지고 배가 아닌 가슴으로 숨을 쉽니다. 그 결과, 우리는 더 긴장하게 됩니다!

호흡이 자연스럽게 될 때까지 숨 쉬는 습관을 '개선'할 수 있습니다. 이것이야말로 가장 좋은 호흡법입니다.

자연스럽게 숨을 쉽니다. 공기가 들어오자마자 마음으로 공기를 따라 단전으로 내려갑니다. 그리고 배가 부풀어 오르는 것을 느낍니다. 배꼽에 이르면 배꼽 위치를 알려고 머리를 숙이고 내려다보지 않도록 미리 손가락을 배꼽에 살며시 닿게 합니다. 내쉬기 전 2, 3초 동안 숨을 참습니다. 숨을 내쉬면서 편안히 이완하고 마음을 비웁니다.

처음에는 이 호흡법이 부자연스러울 수 있습니다. 그러나 점차 몸에 베어 노력할 필요가 없을 것입니다. 일단 익숙해지면, 숫자는 더 이상 셀 필요가 없습니다. 자연스러운 흐름을 조절한다든가 방해하지 않고 호흡을 따라 배꼽으로 내려가는 연습을 계속합니다.

날숨의 끝에 하나를 셉니다. 다음 번 날숨이 끝날 때 둘을 셉니다. 날숨의 숫자를 하나부터 열까지 셉니다. 열을 센 후 거꾸로 세어 하나로 내려갑니다. 가능한 한 오랫동안 이 과정을 반복합니다. 오래 할수록 마음은 더 잘 집중할 것입니다.

마음이 산만하여 숫자 세기를 잊어버리면, 다시 하나부터 셉니다. 모두에게 꼭 필요한 도구인 이 방법을 저는 초심자에게 적극적으로 권합니다.

만약 이미 배로 호흡하고 있다면, 그대로 유지하고 다시 배울 필요는 없습니다.

2) 진언 염송

이 방법은 염불법과 유사합니다.

진언眞言은 신성한 말입니다. 무수히 많은 불교 진언이 있는데, 각기 고유한 목적이 있습니다. 예를 들어, 밀교수행자들이 사용하는 약사주藥師呪는 건강을 증진하는 데 도움이 됩니다. 진언의 사용을 중시하는 밀교는 중국불교의 주요한 5대 종파 중 하나입니다.

여기, 여러분이 사용할 2개의 진언을 소개합니다. 너무 정확하게 발음하려고 애쓰지 않아도 좋습니다. 단체로 함께 암송하지 않는 한 발음은 전혀 상관이 없습니다.

하나는 '옴 마니 파드메 훔'입니다. 진언의 불가사의함은 진언을 이해하는 데서 오는 게 아니라 암송하는 데서 옵니다. 사실 이해하지 못하면 더 빠른 효과를 볼 수 있습니다. 이 진언은 굉장히 효과적이기 때문에 아시아에서 널리 대중적으로 암송됩니다.

　다른 하나는 '시단뒈보다라'입니다. 이 진언은 특히 강력합니다. 만약 마음이 극도로 산만해서 호흡을 세기도 어렵다면, 간단하게 이 진언을 암송할 수 있습니다. 마법처럼 마음이 맑아질 것입니다.

　진언은 두려움을 쫓는 데도 사용할 수 있습니다. 가령, 어둠이 무섭고, 밤에 홀로 길을 가야 한다면, 두려움을 잠재우기 위해 위의 두 가지 진언 중 하나를 암송합니다.

　주의할 점: 여러분이 신뢰할 수 있는 권위자로부터 받은 진언이 아니라면 어떠한 진언도 염송하지 않습니다. 모든 진언이 다 같지 않습니다. 비불교적 진언, 특히 그 뜻이 확인되지 않은 진언은 염송하기 전에 조심하는 게 좋습니다.

3) 금강검

이는 마음을 고요하게 하는 다른 좋은 방법입니다.

　금강은 산스크리트어로 가장 단단한 물질을 나타내는데, 보통 '다이아몬드'라고 오역됩니다. 명상하는 중에 생각이 떠오르는 것을 알아차리자마자 금강검을 휘둘러 모두 끊어버립니다.

　이 기법은 명상할 때 모든 생각은 환영받지 못한다는 사실을 설명하는 데 있어서 유용합니다.

4) 화두

이것은 화두話頭라고 하는 짧은 질문에 마음이 몰입되는 훈련입니다. 화두는 논리적으로 이치에 맞지 않고, 이성적인 마음으로는 답을 할 수 없는 것입니다. 화두의 질문은 보통 선의 공안〔일본 젠에서는 코안(koan)으로 더 잘 알려져 있다〕에서 유래합니다. 공적인 안건이라는 의미를 가진 공안公案은 선 전통에서 전해져 온, 깨달은 선사들 간의 일화 및 이야기를 가리키는 말로 사용됩니다.

화두는 '말 머리'를 뜻하는 것으로, 말 앞에 오는 것, 즉 생각 이전을 가리킵니다. 선화상인 이전의 조사인 고故 허운 선사는 "염불하는 자는 누구인가?"라고 하는 화두 참구參究를 대중화했습니다.

그렇지만 저는 화두법을 초심자에게는 권하지 않습니다. 어려운 수행법 중 하나인 화두는 실제로 중급이나 상급자를 위한 것입니다.

그럼에도 왜 제가 화두를 언급할까요? 거기에는 두 가지 이유가 있습니다.

① 초심자에게는 아직 심오한 수행법이 많으니, 약간 진전을 했다고 해서 자신이 대단하다고 자만하거나 교만하지 말라고 일깨워줍니다.

② 이제 막 수행을 시작했을 수도 있지만, 전생의 수행으로 아주 '선근'이 있고 화두에 대해 알려줄 필요가 있는 매우 특별한 사람을 위해서입니다. 일단 화두에 대해 알게 되면, 그들은 곧 크게 성장할 수 있습니다.

꽤 많은 사람들이 저의 권고에도 불구하고 여전히 화두를 참구하려 들 것입니다. 만약 3년간 화두를 참구해도 아무런 진전이 없으면, 그때는 방법을 바꿔야 할 때라는 것을 알아야 합니다.

제가 선호하는 화두는 이것입니다.

"한 손으로 치는 박수는 무슨 소리인가?(척수성隻手聲)"

그리고 또 다른 유명한 화두가 있습니다.

"태어나기 전 너의 본래 면목은 무엇인가?(부모미생전 본래면목父母未生前 本來面目)"

5) 경전 독송

불경佛經은 집중을 돕는 아주 강력한 수단입니다. 불경을 하나 정해서 쉬지 않고 독송합니다.

예를 들어, 많은 불자들은 그들의 언어로 된 『반야심경』을 독송하면 더 쉽게 다리 통증을 잊는다는 것을 압니다. 『반야심경』은 예불 중에 불자들에 의해 널리 독송됩니다. 『반야심경』 독송은 지혜를 여는 데 도움이 될 것입니다.

중국의 첫 번째 조사로 간주되는 보리달마는 그의 제자들에게 『금강경』을 독송하라고 일렀습니다. 『금강경』은 깨달음을 가르치는 중요한 대승 경전 중 하나입니다. 많은 조사들이 선 수행의 일부로써 『금강경』의 독송을 장려하곤 했습니다. 그들의 제자들은 『금강경』을 처음부터 끝까지 독송한 다음 다시 처음부터 독송하는 것을 끊임없이 반복했습니다. 『금강경』의 불가사의한 힘에 의지하면 더욱 쉽게 삼매에 들고 깨달음에까지 이를 수 있습니다.

선화상인의 한 제자는 3년간 한 번에 한 자씩 중국어로 『능엄경』을 독송하는 법을 배웠습니다. 마침내 그는 경전을 모조리 암송할 수 있었습니다.

6) 관상법觀想法

관상에 능숙한 사람들이 있습니다.

자신들이 좋아하는 불상이나 불화를 바라보거나 생각하면서 염불하는 법을 배울 수 있습니다. 먼저, 불상을 바라본 다음 눈을 감고 그것을 관상합니다. 이것은 중요한 세 가지 정토경淨土經 중 하나인 『관무량수경觀無量壽經』에 아주 상세히 설명하고 있습니다.

좀 색다른 방법을 좋아하는 사람들은 아래 도식에서 산스크리트어를 관상할 수 있습니다. 가령, 눈을 감고 중앙에 있는 옴'Om'(ॐ) 글자를 마음속에 그립니다. 눈을 감았을 때 마음의 눈으로 그릴 수 있어야 합니다. 이 글자는 귀신과 마를 물리친다고 알려져 있습니다.

다음의 둥글게 배열한 산스크리트어는 불교에서 가장 강력한 진언인 능엄주 수행에 사용되는 방법 중 하나입니다. 그 힘은 진언에 담긴 의미에 내재되어 있습니다. 사실 능엄주는 우주에서 가장 강력한 진언입니다.

8/ 통증의 장벽 깨기

이 부분은 명상 지도자들이 가장 언급을 꺼리는 주제입니다. 아무도 통증에 대해 말하고 싶어 하지 않습니다. 여러분들에게 달갑지 않은 말을 전해야 할 때 모든 지도자는 차라리 다른 사람들에게 미루곤 합니다. 그럼에도 저는 지도자로서 통증에 대해 숨길 수 없다고 생각합니다. 빠르게 집중력을 키우고 싶다면 고통은 불가피합니다.

여러분이 선택한 명상 주제가 무엇이든, 일단 명상하기 위해 앉으면 머지않아 곧 장벽에 부딪힐 것입니다. 통증, 특히 다리의 통증입니다.

결가부좌로 좌선하는 것을 예로 들어봅시다. 이 자세는 부자연스럽습니다. 우리는 다리를 접고 계속해서 앉아 있는 법을 가르칩니다. 여러분이 평소 취하는 자세와는 다릅니다. 다리를 접는 것은 의도된 결과를 낳습니다. 이 자세는 혈액순환을 방해하므로 허리 주변과 무릎 혹은 발목이 아프기 시작할 것입니다.

그럼, 이것이 나쁜 것인가요? 꼭 그렇지는 않습니다!

잘못될까 두려워 다리를 펴고 일어나는 것은 자연스러운 현상입니다. 하지만, 그렇게 되면 수행의 목표는 실패할 것입니다. 하체에 통증을 느끼면 그런 생각이 들지 않을 수 없습니다. 이럴 때 우리는 포기하지 말고 그 전보다 좀 더 길게 다리의 통증을 견뎌보라고 권합니다. 여러분의 포기하려는 본능을 따르지 말고, 타이머를 이용해 매번 1분이나 2분 단위로 조금 더 견딜 수 있도록 해보세요.

이 훈련은 자연스럽게 집중력을 계발하도록 돕는 방편입니다.

보통 대부분의 초심자는 앉으면 '널뛰는 마음'을 멈출 도리가 없기 때문에 다리 통증을 아주 빨리 느낍니다. 그런데, 아픈데도 여전히 다른 망상이 떠오를까요? 물론 그럴 수 없습니다! 그때 마음에는 단 한 가지 생각, 즉 다리 통증만 있습니다. 그것이 집중입니다. 오직 한 가지만 생각할 수 있는 능력, 이것은 여러분을 가장 괴롭히는 다리 통증만 생각하는 마음입니다. 그렇다면 만일 오랫동안 다리 통증을 참을 수 있다면, 자연스럽게 집중력을 키울 수 있지 않을까요?

정확하게 이것은 중국의 선 수행자들이 사용하는 비결입니다. 요즘 사람들은 집중력을 훈련하기 위해 다리 통증을 이용한다는 비밀을 더 이상 알지 못합니다.

경험의 법칙: 더 많은 통증을 견딜수록 더 잘 집중할 수 있습니다. 또한 더 오래 참을수록 더 많이 이해할 것입니다.

통증에 끝이 있을까요? 물론입니다. 여기 그 이유가 있습니다.

접힌 무릎 주위에 피가 잘 돌지 않으면 기氣는 자연스럽게 무릎 주위에 몰려 막힌 부분을 뚫으려 합니다. 통증이 더 가중된 느낌은 기가 밀고 나가려 한다는 증거입니다.

반드시 통증을 견뎌낼 수 있어야만 하기 때문에 이것은 모두가 할 수 있는 방법은 아닙니다. 만약 여러분이 저처럼 통증에 약하다면, 매번 앉을 때마다 10~30초씩 시간을 늘려보세요. 시간을 늘리는 방편을 통해 더 오래 앉음으로써 집중력은 실질적으로 향상됩니다. 그렇습니다. 선정력은 노력해서 얻는 것이지, 그냥 주어지는 게 아닙니다.

앉는 시간을 계속 늘리다 보면, 통증 역시 덩달아 심해질 것입니다. 마침내, 기의 흐름은 접힌 무릎을 뚫을 수 있을 만큼 강해집니다. 그렇게 되면, 혈액순환이 잘 되어 더 이상 무릎에 제약을 받지 않을 것입니다. 이것이 첫 번째 통증의 장벽을 극복하는 방법입니다.

선의 결가부좌에는 또 다른 비결이 있습니다. 기의 흐름을 활용하여 본래 타고난 자가치유력을 향상시켜 집중력을 계발합니다.

대체로 60분에서 90분 동안 다리 통증을 참고 어떻게든 앉아있으면, 첫 번째 장벽을 극복할 수 있습니다. 그 시점에서 여러분은 어느 정도 약간의 의미 있는 선의 기술을 익힌 셈이 됩니다.

만약 처음에 통증에 집중하는 것이 너무 어렵다면, 통증에서 주의를 돌려 다른 일을 할 수 있습니다. 가령 경전을 읽는다든가 심지어 TV를 볼 수도 있습니다. 시작 단계에서는 계속 앉아 있기만 하면 상관없습니다. 다리를 풀지 않도록 무슨 일이든 하세요. 때가 되면, 통증의 장벽을 넘어 더 잘 앉아 있게 될 것입니다. 마침내, 더이상 주의가 분산되지 않고 움직임 없이 앉아 있을 수 있습니다.

첫 번째 통증의 장벽을 극복하려는 시도는 선 수행자들에게 매우 가치 있는 목표입니다. 한 시간이 되기 전에 일어서는 것이 허용된 다른 명상 센터들과 달리, 우리 사찰에서는 한 시간 좌선을 고수합니다. 집에서 명상하는 사람들도 마찬가지로 한 시간을 유지해야 합니다. 꼭 필요하다면, 잠시 걸으며 쉴 수도 있지만, 다시 좌선 명상을 계속하면서 체계적으로 시간을 늘려야 합니다. 성공이나 실패보다는 최선을 다해 계속해서 노력하는 것이 보다 더 중요합니다. 포기만 하지 않으면 결국 해낼 것입니다. 점차 더 긴 시간을 앉는 선의 방식은 여러분의 진전을 돕기 위해 사용할 수 있는 또 다른 방편입니다.

넘어야 할 고통이 더 있습니다. 두 번째는 2시간에서 2시간 30분 사이에, 그리고 세 번째는 3시간쯤에 통증의 장벽을 뚫고 나가야합니다. 장시간 앉아 명상할 때 보통 첫 번째 통증의 고비가 가장 뚫고 나가기 어렵고, 그 이후는 강도가 감소하는 경향이 있습니다.

희소식은 체계적으로 집중력을 계발할 수 있다는 것이고, 나쁜 소식은 통증에 취약한 사람들에게는 쉽지 않을 수 있다는 것입니다.

11년간 명상했던 한 젊은 남성이 있었습니다. 그런데 우리를 만나고 나서 석 달 만에 첫 번째 통증의 장벽을 넘을 수 있었습니다. 그는 너무나도 기쁜 나머지 할 말을 잃었고, 이것을 더 일찍 배웠었더라면 하고 아쉬워했습니다. 여러분들 중 과감하게 다리 통증을 견뎌서 더 빨리 집중력을 계발하는 길을 선택하려는 사람들을 위해 예상되는 현상에 대해 설명하겠습니다.

① 통증이 가라앉기 시작할 때까지 강렬한 다리 통증을 견디세요. 통증은 극에 달한 후 가라앉기 시작할 것입니다.
② 통증은 더 이상 아프지 않을 때까지 줄어들 것입니다.
③ 다리에 감각이 없을 것입니다.
④ 어떤 사람들은 피가 발까지 통하지 않아서 발바닥 색깔이 거무스름해집니다.
⑤ 발바닥 색이 정상으로 돌아올 때까지 계속 앉으세요.

일반적으로 다리 통증은 견디기 쉽지 않습니다. 그런데도, 계속한다면 나중에는 안락安樂한 경험을 할 수 있습니다. 몸은 통증에 대처하려고 자연스럽게 엔도르핀을 분비하기 때문에 신체적으로 좋은 기분을 느낍니다. 사유 과정이 극도로 줄어들기 때문에 정신적으로 즐거움을 느끼며 모든 걱정은 일시적으로 사라집니다.

그렇습니다! 이 방법은 다른 방법보다 훨씬 더 빨리 체계적으로 집중력을 키우는 비결입니다. 저는 수년간의 가르침을 통해 이와 관련된 수많은 사례를 확인했습니다.

예를 들어, 우리 사찰의 한 제자는 십 년 이상 젠 수행을 했습니다. 어느 날 식당에서 제가 점심을 먹고 있는데 그가 다가와서 말을 걸었습니다. 평소처럼 직설적인 나는 그에게 말했습니다.

"당신은 십 년 동안 명상했지만, 지금까지 삼매력을 전혀 키우지 못했어요! 긍지를 가질 만한 게 없네요!"

그가 물었습니다.

"삼매력이 무엇입니까?"

저는 삼매력이나 집중력은 수행자들의 진전을 측정하는 잣대라고 설명했습니다. 웃으면서 나는 그에게 물었습니다.

"왜 석사학위까지 마친 당신과 같은 서양인이 명상하면서 자신이 진전하고 있는지 아닌지도 모를까요?"

그 후 우리 사찰에 와서 삼매에 관해 더 배우게 해달라고 요청했습니다. 우리와 함께 두 달간 수행한 후 제자는 염불을 통해 신속하게 두 번째 선정을 얻었습니다. 꾸준히 수행하고 올바른 방법을 사용한다면, 여러분 또한 다양한 단계의 선정과 삼매로 진전할 수 있습니다. 선정의 여러 단계들은 11장에서 더 상세히 논의할 것입니다.

이제 선 수행의 기본 방법들을 배웠습니다. 다음 단계는 배운

방법을 적용하는 것입니다. 만일 여러분이 진전하기를 바란다
면, 가능한 한 매일매일 규칙적으로 수행해야 합니다.

9/ 매일 갈고 닦기

여러분은 힘든 일과를 마치고 무엇을 하나요?

어떤 사람들은 운동을 하거나 친구들과 만나 시합하러 체육관에 갑니다. 어떤 사람들은 긴장을 풀기 위해 술을 마십니다. 또 어떤 사람들은 아무 생각 없이 TV를 봅니다. 이러한 일상의 모든 활동은 휴식을 주고 마음을 편안하게 합니다.

제 짧은 소견으로는 여러분이 명상을 통해서 마음의 편안함과 그 이상을 얻을 수 있다고 생각합니다. 특히, 너무 지쳐서 한잔하고 싶거나 낮잠을 자고 싶을 때가 명상하기 가장 좋은 시간입니다. 처음에는 졸리겠지만, 결국에는 술이나 설탕 또는 에너지 음료수가 없어도 재충전할 수 있습니다.

의심스러운가요? 일단 시도해보면 제가 하는 말이 무슨 뜻인지 알게 될 것입니다. 선 수행은 지치고 피로할 때 더 빨리 회복할 수 있게 해주기 때문에 일상에서 유용합니다.

예를 들어, 명상을 하려고 하루의 일과가 끝날 때까지 기다릴 필요는 없습니다. 중요한 회의나 발표 전 5분 또는 10분 동안 마음을 고요하게 할 수 있습니다. 감정이 매우 고조되어 있는 가족

모임에 여러분이 있다고 합시다. 가족들에게 양해를 구하고 화장실로 들어가서, 거기서 다리를 틀고 앉아 10분 동안 명상하고 고요해질 수 있습니다.

선을 하면 머리가 맑아집니다.

남의 눈에 띄지 않는다면, 직장에 있는 동안에도 다리를 틀고 앉는 것은 좋은 생각입니다. 에너지의 소진을 막고, 집중력을 높이며, 활력을 끌어올리기 때문에 다리를 틀고 앉는 행동 자체만으로도 유익합니다. 우리는 자연스럽게 외부로 끌리기 때문에, 이 행동은 주의를 내면으로 돌리고, 더 빨리 머리를 맑게 하며, 집중하는 데 도움이 됩니다. 우리 학생들은 처음에는 다리가 아파서 일하면서 결가부좌로 앉기 어려워했지만, 6개월 동안 꾸준히 수행한 후에는 활력과 생산성이 높아졌다고 말했습니다.

창의적인 일을 하는 일부 학생들은 사전에 꼭 명상을 합니다. 그렇게 하면 최고의 결과를 만들어내는 경향이 있습니다.

미국농구협회 역사에서 가장 훌륭한 코치 중 한 사람으로 여겨지는 필 잭슨(Phil Jackson)은 팀을 11번의 NBA 우승으로 이끌어 명예의 전당에 올랐습니다. 그 비결은 무엇일까요? 매 경기 전 5분에서 10분 동안 선수들에게 함께 명상하라고 가르친 것입니다. 만일 필 잭슨과 선수들이 경기 전 단 5분에서 10분 동안의 명상으로 그런 성공을 거두었다면, 매일 명상을 통해서 여러분이 얻을 수 있는 것을 생각해보세요!

매일 아침 일어난 직후 명상하기를 권합니다. 그렇게 하면 종일 활력이 있을 것입니다. 오전 5시에서 7시 사이 한 시간 동안, 또는 아침이 적당하지 않으면 오후 5시에서 7시 사이 한 시간 동안 명상할 수 있습니다. 한 시간을 할애하기 어렵다면 할 수 있는 만큼 하세요. 그렇지만 한 시간 내내 하는 것은 그만한 가치가 있습니다.

여러분 중 일부는 일관되게 명상 수행을 하기 위해서 어느 정도의 시간이 필요한지에 대해 다른 의견을 가질 수도 있습니다. 여러분은 피부관리를 위해 아침 늦게까지 자고 충분한 수면을 취하고 싶어 할 것입니다. 하지만, 잠은 좀 덜 자는 게 좋습니다. 이것이 명상에 할애할 시간을 만드는 손쉬운 방법입니다. 가령, 아침에 한 시간 일찍 일어나 명상합니다. 처음에는 익숙지 않아서 졸리겠지만, 곧 명상 기량이 향상됨에 따라, 여러분이 부족한 잠을 자는 것보다 더 편안해지고 원기를 더욱 회복하게 될 것입니다. 계속 그렇게 하면, 머지않아 아침에 일어나 명상으로 하루를 시작하는 것을 기다릴 정도가 될 것입니다.

매일 명상하는 이유는 무엇일까요?

여러분은 매일 운동하고, 세 번의 식사를 하며, 아침마다 반려견과 산책합니다. 그러면 정신적 훈련과 휴식을 위해서는 무엇을 하나요? 여러분은 얼마나 더 여러분의 몸과 마음을 등한시할 건가요? 여러분은 정기적으로 차의 엔진 오일을 교환하고 주기적으로 치과에도 갑니다. 그런데도 정신적 건강은 소홀히 합니다.

선은 여러분의 삶에서 스트레스를 줄여줄 뿐만 아니라, 삶의 도전에 대처하는 방식에 대해서 더 나은 관점을 제공할 수 있습니다. 우리는 물질적인 세상에 너무 많은 에너지를 쏟지만 정서적, 정신적 안정에 대한 투자는 계속 게을리 합니다. 정신적 건강을 돌보는 법과 더 균형 잡힌 삶의 방식을 배우지 않으면 행복할 수 없습니다.

10/ 선지식 찾기

앞서 언급했듯이, 이 책은 초기 단계의 훈련을 통해 성장할 충분한 토대를 제공할 것입니다. 그렇지만 더 높은 단계로 도약하고 싶은 열망을 가진 사람들은 선지식을 찾아야만 합니다.

'지혜를 갖춘 선한 조언자(Good Knowing Adviser)'라는 문구는 중국어 선지식善知識에서 유래합니다. 우리는 이를 '지혜로운 스승(Wise Teacher)'이라고 번역할 수도 있었지만, 그보다 중국어 원래의 뜻에 더 가까운 용어를 선택했습니다.

선지식은 여러분의 선 수행에 있어서 매우 중요합니다.

'선(善, Good)'은 선량함을 가리키는 것으로 내면의 자질을 의미합니다. 선지식은 돈이나 명성을 추구하지 않으며, 선을 가르치는 목적은 자신을 위한 것이 아니라, 여러분이 목표를 이루도록 돕는 데 있습니다.

또한 그 과정에서 선지식이 여러분에게 진정으로 좋은 것이 무엇인지 깨닫도록 도움을 줄 수 있기를 바랍니다.

선善은 불교의 도덕적 규범을 통해 분명히 규정되어 있습니다.

규범을 지키면 선하고, 이를 어기면 잘못 나가거나 무지하고 미혹하게 됩니다. 계로 알려진 불교의 도덕적 규범과 선 수행의 관계는 4부에서 설명할 것입니다.

지금은 선지식이 선 수행의 고유한 선한 마음의 본보기임을 아는 것만으로도 충분합니다. 특히, 선지식은 다른 사람들을 돕기 위해 선禪을 가르칩니다. 그 결과, 사람들에게 올바름, 예의, 공정, 자비, 자애 등을 불어넣습니다.

대략, 이것이 선지식을 알아보는 방법입니다. 선 수행에서 선지식이 중요한 이유는 여러분을 전보다 더 좋게 변화시킬 수 있기 때문입니다.

'지(知, Knowing)'는 여러분의 단계를 파악하는 선지식의 역량을 가리킵니다.

여러분의 삼매 단계를 높이는 것을 효과적으로 돕기 위해 선지식은 여러분의 현재 위치를 파악할 수 있어야 합니다. 예를 들면, 네 번째 선정에 있는 사람들은 여덟 번째 삼매에 있는 사람들과는 다른 지침을 받아야 합니다.

나아가 여러분이 다음 단계로 뚫고 나가는 법을 가르칠 줄도 알아야 합니다. 여러분의 수준을 높이는 수많은 길들이 있는데, 노련한 선지식은 여러분이 그 길을 찾도록 도울 수 있습니다. 가령, 미국에 선을 보급한 저의 스승 선화상인은 중국 불교의 5대 종파를 모두 가르쳤습니다. 5대 종파는 선종, 정토종, 밀종, 율종, 교종입니다. 지혜로운 지도자는 여러분의 진전에 도움이 되는 각 종파의 다양한 방법들을 이용할 수 있습니다.

선화상인의 선법은 제가 알고 있는 가장 앞선 선법들의 하나인데도, 그는 선의 가르침에만 기대지 않고 학생들을 도울 수 있는 다른 방법들을 이용하셨습니다.

'식(識, Adviser)'은 선지식의 문제해결 능력, 특히 지혜의 정도를 가리킵니다. 훌륭한 선지식은 방해물과 어려움을 극복하도록 여러분을 도울 방법을 알고 있습니다. 그것이 어떻게 가능할까요? 그 해답은 대승의 방편 법문에 속합니다. 만약 '제가 어떻게 방편법을 사용해 도움을 주는지'를 제자들이 안다면 결론적으로 제가 그들을 도울 수 없었을 것이라고 가끔 말합니다.

예를 들어, 우리 절에 도교를 수련한 의사가 있습니다. 그는 아주 좋은 치유사이고 꽤 정직한 사람입니다. 그의 가족은 돈을 청구하지 않고 7대에 걸쳐 사람들을 치료해 오고 있습니다. 원래 그는 치유의 도움을 받으러 저에게 왔습니다. 대화를 하면서 저는 그가 삼선三禪에 있다고 말했고, 꽤 오랫동안 거기에 정체되어 있다고 알려 주었습니다. 그리고 의사처럼 남을 돌보는 사람들은 조심해야 한다고 일깨워 주었습니다. 왜냐하면 환자를 돌보는 사람들은 다른 사람들의 업(karma, 業)에 개입하는 직업이기 때문입니다. 다시 말해, 사람들은 전생에 범한 살생의 대가를 치러야 하기 때문에 주로 병에 걸립니다. 전생의 죄는 업業의 채무를 낳습니다. 살생한 죄는 살아 있는 생명을 해칠 때 발생합니다. 의료직에 종사하는 사람들은 그러한 빚 상환 과정에 쉽게 끼어들 수 있습니다.

불교의 관점에서, 이것은 다른 사람의 일에 끼어드는 것으로 간주합니다. 우리가 하는 모든 것은 일종의 개입이기 때문에 개입의 원인과 결과(인과因果)를 이해하는 것이 중요합니다. 일반적으로 업을 짓지 않길 바라기 때문에 여러분은 개입하지 않는 편이 좋습니다.

그렇다고 개입은 결코 좋은 생각이 아니라는 뜻일까요? 반드시 그렇지만은 않습니다. 다른 사람의 고통을 덜어주려는 것과 같이 좋은 의도를 가지고 개입한다면 아마 괜찮을 것입니다. 개입에 따른 결과가 있다는 사실을 아는 것은 중요하지만, 그로 인해 일상생활이 경직되어서는 안 됩니다. 의사는 자신의 개입으로 인한 과보愛報를 받을 것을 알면서도 여전히 환자를 돌볼 것입니다. 만일 돈을 위해서가 아니라 고귀한 의도로 행하고 또 그 결과를 받아들일 준비가 되어 있다면, 그것은 공덕을 짓는 것입니다. 이것은 명성과 이득을 얻기 위한 요량으로 무언가를 하는 것과는 사뭇 다릅니다. 진정으로 복이 있는 사람들은 결과에 따른 실직적인 대가를 치르지 않고서도 개입할 방법을 찾겠지만, 이런 경우에는 대가를 피하기 위해 자신이 갖고 있는 복을 다 써버리게 될 것입니다.

그는 제게 삼선三禪을 넘을 수 있게 조언해 달라고 부탁했습니다. 그래서 해야 할 바를 일러 주었으나, 그가 혼자 할 수는 없을 것이라고 말해 주었습니다. 예상대로 2년이 지난 후에도 그는 여전히 세 번째 선정에 갇혀 있었습니다.

이 이야기는 유능한 스승이 필요하다는 것을 보여줍니다. 여러분에게는 그런 스승이 있습니까? 솔직히 말해, 저도 스승으로부터 도움을 받지 못했더라면 선의 기술을 발전시키지 못했을 것입니다. 그런 이유로, 모든 학생들에게 지혜로운 지도자를 찾는 것의 중요성을 강조합니다. 선지식은 우리가 생각하는 것보다 우리를 위해 더 많은 것을 합니다.

사람들은 종종 제게 묻습니다.

"어떻게 선지식을 알아볼 수 있나요?"

저 역시도 그런 질문을 하곤 했습니다. 제가 말씀드리건대, 여러분이 아무리 깊이 생각해도 선지식을 전혀 알아보지 못할 것입니다. 선지식을 알아볼 수 있다면, 여러분은 이미 선지식입니다. 여러분이 선지식을 알아볼 수 있다면, 여러분 스스로가 선지식이 되어야 합니다.

그렇지만 여러분은 선지식이 아닌 사람들은 알아볼 수 있습니다. 여기 살펴봐야 할 몇 가지 사항들이 있습니다.

- 명성에 욕심이 있는가? 진정한 선사禪師는 세상의 이목을 피하고, 인정을 갈망하지 않습니다.
- 돈을 탐하는가? 진정한 선사는 이익을 바라지 않습니다. 선을 가르치며 대가를 바라지 않고, 실제로 선사는 종종 손해를 택합니다.

- 성적 욕망이 있는가? 진정한 선사는 성적 욕망으로 혼란스럽지 않고, 성행위를 하지 않으며, 그들의 가르침은 사랑과 성교를 미화하지 않습니다.
- 화를 내는가? 진정한 선사는 화를 내지 않습니다. 그와 반대로, 특히 대립하거나 힘들게 하는 사람들을 향해 선사는 높은 수준의 인내심인 자애와 자비를 베풉니다.
- 자기중심적인가? 진정한 선사는 이기심이 없습니다. 선화상인의 경우, 제자들은 모두 이구동성으로 스승의 이타심을 칭송합니다. 그냥 하는 얘기가 아닙니다! 한 가지 예로, 선화상인은 제자들에게 당신의 빨래를 맡기지 않으셨습니다. 폐를 끼치지 않으려고 때를 기다렸다가 아주 이른 아침에 혼자 빨래를 하시곤 했습니다. 가장 인상 깊었던 것은, 그 모든 세월 동안 저를 지켜보시고 지도하셨음에도 불구하고 제게 아무것도 요구하지 않으셨다는 점입니다.

진정한 선지식이 어떻게 명성과 권력과의 결탁을 피하는지 알아보기 위해, 육조 혜능慧能과 같은 중국 조사를 살펴볼 수 있습니다. 동시대에 오조 홍인의 후계자이자 경쟁자였던 신수神秀 또한 명성이 꽤 자자했습니다. 황제가 덕망 높은 승가(비구와 비구니)를 궁궐에 초청해 황실의 후원을 받게 하는 칙령을 내리자, 신수를 비롯한 명망 있는 승가들은 모두 받들었습니다. 그런데 육조대사만이 황제를 만나러 수도에 가지 않는 이유를 계속해서

둘러댔습니다. 아마도 여러분은 육조대사가 세상의 이목과 인정을 동료에게 양보했다고 말할 수 있겠지요.

육조대사의 태도는 중국 선사의 상징으로 여겨집니다. 당신의 순수성을 지키고 기대감에서 벗어나기 위해 권력 있고, 부유하며, 영향력 있는 사람들과 가깝게 지내지 않았습니다.

실제로 선지식들은 자신들을 알리기보다, 수행하며 드러내지 않고 가르치는 것을 더 선호합니다. 이는 다음 질문으로 이어집니다. "그렇다면 어떻게 선지식을 찾을 수 있을까요?"

하지만 이것은 잘못된 질문입니다. 선지식은 가르침을 받을 자격이 있다고 보았을 때 여러분을 가르칩니다. 따라서 여러분이 자신에게 해야 할 질문은 "어떻게 해야 내가 선지식에게 가르침을 받을만한 자격이 될까?"가 되어야 합니다.

그것은 매우 간단합니다. 단지 몇 가지만 노력하세요.

① 내면 깊이까지 좋은 사람이 됩니다.
② 모든 사람들을 존중합니다.
③ 마음속 깊이 겸손해집니다.
④ 다른 사람들이 선지식을 찾을 수 있도록 돕습니다.

다시 말해, 끊임없이 복을 짓습니다. 복은 업이라는 은행 계좌에 있는 현금과도 같고 선행을 통해서 얻어집니다. 복을 쌓는 점의 중요성은 14장에서 더 논의할 것입니다.

복이 충분하면, 선지식은 여러분의 가능성을 알아보고 가르침을 주려고 할 것입니다. 그렇다고 자신은 특별하고 가르침을 받을 만한 자격이 있다는 태도로 돌아다니지 않습니다.

선지식을 찾으면 곧바로 복을 짓기 위해 더욱 매진해야 합니다. 선지식은 여러분의 복덕을 아주 빠르게 써버리는 경향이 있습니다. 느긋할 때가 아닙니다! 선지식을 만나려면 많은 복이 필요하고, 가르침으로부터 혜택을 입으려면 그보다 더 많은 복이 필요합니다.

또한 다른 사람들이 선지식을 찾는 것을 도와주는 데 소홀히 하지 않습니다. 인과의 법칙을 기억하세요. 만일 유능한 선지식의 가르침을 전하는 데 여러분이 도움을 주어 다른 사람들이 혜택을 입으면, 머지않아 여러분 또한 선지식의 가르침으로부터 혜택을 입을 것입니다.

다음 장은, 선지식이 지도해 줄 수 있는 다양한 수준의 집중과 명상의 경계들을 설명할 것입니다.

제 3 부

로드맵—삼매, 경계, 도약

11/ 아홉 단계의 삼매:
여러분의 쿵푸(功夫) 단계는?

저는 출세간의 지혜를 얻기 시작하는 아홉 번째 삼매
(九定)에 도달하고자 하는 독자들에게 초석이 될 만한
입문서를 쓰기로 마음먹었습니다.

산스크리트어로 사마디(samadhi)인 삼매는 대략 집중력으로
번역됩니다. 우리는 자주 쿵푸(gongfu, 功夫)라는 용어를 사용하
는데, 이 또한 중국 무술에서 학생들의 전반적인 집중력의 수준
을 나타냅니다. 삼매의 수준이 향상될수록 쿵푸 또한 높아집니
다. 높아지는 삼매의 수준은 엘리베이터에 차츰 층수가 추가되
는 것과 같습니다. 높은 삼매를 얻은 사람은 높은 층에 올랐기
때문에 지상에 있는 사람들보다 더 잘 관망할 수 있습니다.

우리가 경험하는 다양한 마음의 경계와 삼매의 수준은 윤회
의 영역들과 관련되어 있습니다. 불교의 가르침에 따르면, 우리
는 사후에 다시 인간계, 축생계, 또는 현재로서는 잘 알지 못하
는 여러 다른 세계에 태어납니다. 실제 불교에서 수많은 다른 영
역이 존재하는 우주는 다양한 존재들의 고향이며 우리가 미래에
다시 태어날 곳이라고 가르칩니다. 우리가 살고 있는 이 세상은

수많은 세계 중 하나일 뿐입니다.

  불교에 따르면, 우리가 사는 곳은 사바세계입니다. 현대 과학에서 사바세계는 우리 은하 전체를 말합니다(지구 행성만이 아닙니다). 사바세계는 우리에게 익숙한 눈으로 볼 수 있는 세계와 보통은 볼 수 없는 다양한 천상과 지옥을 포함합니다. 불교에서 사바세계는 다음의 세 가지 계界를 포함하므로 삼계三界라고도 부릅니다.

  ① 욕계(The Desire Realm, 慾界)
  ② 색계(The Form Realm, 色界)
  ③ 무색계(The Formless Realm, 無色界)

  불교는 우주의 다른 세계들과 사바세계에 속한 이러한 영역들에 대해 상세하게 설명합니다. 하지만 그것은 방대한 불교 우주론에 속하고 이 책에서 다루고자 하는 범위를 벗어납니다. 이번 장에서는 주로 명상의 경계와 상응하는 관점에서 다른 차원의 영역들을 설명할 것입니다. 명상가들은 수행이 향상됨에 따라 마음의 다양한 경계들을 경험합니다.

  마음의 경계로서 욕계는 사바세계의 물질적 장소와 관련되는데, 이곳에서 사람들은 특정한 경계를 경험합니다. 가령, 지구는 욕계 안에 물리적으로 위치해 있다고 합니다. 왜냐하면 지구에 사는 우리 대부분은 욕망의 경계로 인해 산란한 마음으로 평생을 살기 때문입니다.

한편 여덟 단계의 삼매로 이루어진 색계와 무색계는 보통 단계가 높은 명상가들만이 경험합니다. 그런데 불교의 우주론에 따르면, 수많은 천상이 존재합니다. 천상에는 주로 삼매의 락(bliss, 樂)을 경험한 천신들이 머뭅니다. 삼매의 단계에는 이에 상응하는 천상이 있고, 천상의 존재들은 이에 상응하는 삼매에 머뭅니다. 가령, 초선천에 사는 천신은 초선(삼매)의 경계를 경험합니다.

이제 삼계에 관해, 윤회와 상관된 영역이 아니라 명상의 경계로 한정하여 논의하겠습니다.

마음의 현상으로 간주하는 욕계는 오욕五慾이 증폭되는 특징이 있습니다. 일반적으로 우리는 다음과 같은 욕망을 따릅니다.

① 색욕色慾: 인류의 가장 강력한 원동력입니다.

② 명예욕名譽慾: 인정받고 칭송받고 싶은 강한 욕망에 의해 움직입니다.

③ 식욕食慾: 우리는 몸의 에너지가 필요해서 음식을 먹기 시작했지만, 선진국에서는 먹는 행위가 자기 탐닉의 형태로 되었습니다.

④ 수면욕睡眠慾: 잠은 몸을 적정하게 유지하는 데 필요합니다. 더 많이 먹을수록 더 많이 자야 합니다.

⑤ 재물욕財物慾: 상대적인 성공을 측정하는 방법입니다.

욕계에 마음이 묶여 있는 사람들은 산만하여 집중하는 데 어려움을 겪습니다. 이들을 가리켜 보통 선정력이 제로라고 하고, 오랜 시간 동안 어떤 것에도 집중하지 못합니다.

그렇지만 영적 훈련을 통해 우리 모두 욕계를 극복하고 색계로 오를 수 있습니다.

색계의 경지는 매우 즐겁고(blissful) 네 개의 주요 선정으로 나뉩니다.

① 첫 번째 선정, 초선初禪
② 두 번째 선정, 이선二禪
③ 세 번째 선정, 삼선三禪
④ 네 번째 선정, 사선四禪

초선初禪은 명상가들에게 아주 초기 단계의 선정력입니다. 이 단계의 집중에서 맥박은 멈춥니다. 그리고 음식, 잠, 성에 관한 욕망에서도 벗어납니다. 이러한 욕망은 끊어지지 않고 잠재해 있다가 출정出定하면 다시 활동합니다. 초선은 '이생희락지離生喜樂地, 여읨(separation)에서 생긴 기쁨과 즐거움의 경지'라고 부릅니다. 욕계의 존재를 특징짓는 편견과 불안에서 처음으로 벗어납니다. 그것이 '락(bliss)'을 경험하는 이유입니다.

순수 선 수행자에게 초선은 아직 온전한 집중이라 여겨지지 않습니다. 왜냐하면 이 단계에서 선정력은 다소 무너지기 쉽기 때문입니다. 다음 단계, 즉 '정생희락지定生喜樂地, 삼매에 의한 기쁨과 즐거움이 생기는 경지'라고 하는 이선二禪으로 진입하기 전까지 아직은 높은 선정력을 확보한 것으로 간주하지 않습니다. 이선에서 맥박은 멈추고 외부 호흡 또한 정지합니다. 걱정할 필요 없습니다! 아주 미세한 형태의 호흡이 대신합니다. 즉, 모공을 통해서 호흡합니다. 이 단계에서 앉아 있든, 말하든, 걷든 상관없이 깊게 집중할 수 있습니다. 여러분이 계속 수행하면 '이희묘락지離喜妙樂地, 기쁨을 떠난 묘한 즐거움의 경지'라 불리는 삼선三禪에 진입할 것입니다. 이 단계에서 맥박과 규칙적인 호흡은 멈춥니다. 또한 거친 사유들도 사라집니다. 선정력에서 오는 락(bliss)의 즐거움을 주로 느낍니다. 심지어 명상하지 않은 때도 기분이 아주 좋습니다.

일례로, 우리가 출연했던 TV 방송국 사장 중 한 사람은 삼선에 있었습니다. 그는 저에게 마음을 '비우고' 마음먹은 대로 입정入定과 출정出定을 할 수 있다고 했습니다. 또 아주 조금밖에 먹지 않고도 온종일 일할 수 있을 정도로 심신이 효율적이라고 했습니다. 그러나 선정의 도구들을 활용하기에 앞서 올바르게 삼매를 계발하는 것이 중요합니다. 여러분의 선정 단계가 충분히 향상될 때까지 음식의 섭취량을 줄여서는 안 됩니다.

색계의 마지막 단계인 사선四禪은 '사념청정지捨念淸淨地, 사유를 내려놓으며 오는 청정한 경지'라고 합니다. 이때 미세한 사유들까지 멈춥니다.

색계에 도달한 사람들은 특별한 능력을 계발할 수 있지만, 섬세하고 미세한 형상(form)에 여전히 집착합니다. 이것을 가리켜 극복하기 가장 어려운 제약, 즉 '형상의 덫'이라고 부릅니다. 집착은 여러분을 저지할 수 있습니다.

여기서 수평적 계발(Horizonal Development)의 위험성에 관해 경각심을 일깨우고자 합니다. 선정의 단계에서, 특히 삼선에서 경험하는 락(bliss)의 즐거움은 중독이 될 수 있습니다. 어떤 사람들은 높은 단계로 진전하는 대신에 새롭게 찾은 자신들의 능력을 누리고 락(bliss)을 향유하며 제자리에 머물고자 합니다. 스스로 만족스럽게 느끼기 시작하고, 종종 자신이 아는 것보다 더 많이 알고 있다고 생각합니다. 그러면 쉽게 갇혀버립니다. 앞으로 나아가기 위해서는 기술과 방법론이 필요합니다.

삼선三禪에 갇히지 않고, 색계의 정상에 오른 사람들은 그 너머 무색계를 돌파할 기회가 있습니다. 색계에서 무색계로 도약하려면 내려놓아야 하는데, 그것은 쉽지 않습니다.

무색계 영역 또한 네 가지 선정력의 단계로 구성됩니다.

① 공간이 무한한 영역(공무변처정空無邊處定)

② 의식이 무한한 영역(식무변처정識無邊處定)

③ 아무것도 없는 영역(무소유처정無所有處定)

④ 생각이 있음도 아니고 생각이 없음도 아닌 영역(비상비비상처정非想非非想處定)

색계의 경계인 선禪과 구분하기 위해 보통 위의 단계들을 오정, 육정, 칠정, 팔정(定)이라고 부릅니다. 하지만 영적 수행을 통해 계발되는 선정력을 묘사하기 위해 포괄적으로 '삼매(samadhi)'라는 용어를 사용합니다.

비록 다양한 영적 훈련들이 이러한 선정력을 길러주더라도, 더 높은 수준의 삼매는 오직 불교의 방법론을 통해 도달할 수 있습니다. 예를 들어, 힌두교 사원 옆에서 머리를 말아 올리고 앉아 있는 요기와 힌두교 수련자들 또한 가끔 놀랍도록 지혜로우며 영적인 힘이 있습니다.

그러나 다른 비불교의 영적 훈련들처럼, 그들이 제일 높게 올라갈 수 있는 단계는 여덟 번째 삼매(八定)에 그칩니다. 부처님이 제자들에게 불교에 대해 가르치고 나서야 비로소 제자들은 아라한이나 벽지불의 삼매인 구정九定을 성취할 수 있었습니다.

아홉 단계의 삼매가 각각 지혜의 수준과 연결되어 있다는 것을 아는 것은 중요합니다.

가령 초선에 도달한 사람들은 일종의 지혜나 해탈을 경험합니다. 이들이 초선에 들어가면 일시적으로 성욕, 식욕, 수면욕으로부터 벗어납니다. 그러므로 명상하는 사람이라면 이 첫 번째 중요한 성과 단계(milestone)에 이르도록 노력해야 합니다. 이 책에 수록된 지침들은, 많은 사람들이 적어도 초선 또는 더 높은 단계에 도달하도록 돕는 데 충분할 것입니다.

그런데도 우리는 여러분이 뛰어난 선지식을 찾아야 한다고 강력하게 촉구합니다. 거듭 말하건대, 시작할 때는 혼자서 수행해도 괜찮습니다. 하지만 정통한 선지식을 대신할 만한 것은 아무것도 없으므로 반드시 선지식을 찾아야 합니다.

제가 왜 여러분에게 선지식을 강조할까요?

저는 앞으로의 길을 위해서 여러분을 준비시켜야 합니다. 영적 훈련에서 길을 안내해줄 사람을 찾는 것이 매우 중요하다는 것을 알아야 합니다. 그렇지 않으면, 잘못된 길로 접어들어 되돌아오는 길을 찾지 못할지도 모릅니다.

특히 삼선三禪에 이를 때쯤 반드시 스승이 필요할 것입니다.

왜 그럴까요?

혼자서 삼선三禪을 넘기는 매우 어렵습니다. 저는 자신감으로 가득 찬 수많은 삼선의 경험자들을 만났습니다. 이것은 거의 알려지지 않은 삼선의 함정인데, 거기에 도달한 사람들은 자신들이 다 안다고 여겨 제자리에서 쳇바퀴를 돌리며, 덫에 걸린 줄도 모르고 스스로 구덩이를 팝니다. 반대로, 잘 준비된 사람들은 사선四禪과 더 높은 단계로 쉽게 나아갈 수 있습니다.

그런데 불교의 관점에서, 처음 여덟 단계의 삼매는 모두 여전히 미혹합니다. 구정九定에 도달하고 나서야 비로소 진정으로 출세간의 지혜가 열리기 시작합니다. 결가부좌로 앉지 않고도 구정에 도달하는 것이 가능하다는 것은 주목할 만하지만, 만일 그 단계를 넘어 명상 수행을 계속하려면 반드시 결가부좌를 하고 앉아야 할 것입니다.

일단 구정九定 이상 도달하면, 정말 경이롭고 불가사의한 경험을 하게 됩니다. 이런 높은 수준의 성취는 이 책의 범위를 벗어납니다. 만일 관심이 있다면, 더 상세한 정보는 법계불교총회(Dharma Realm Buddhist Association, DRBA)에서 간행한 『능엄경(Shurangama Sutra)』과 같은 불교 명상에 관한 서적이나 우리의 간행물을 참고할 수 있습니다.

12/ 명상의 경계: 부처 죽이기

앞에서 논의한 삼매의 단계 외에 명상을 할 때 무수한 다른 경험들을 겪을 수 있습니다. 그러한 종류의 경험을 경계(states)라고 부릅니다.

어떤 사람들은 깃털처럼 가벼워서 마치 공중으로 올라가 떠다니는 것처럼 느낍니다. 어떤 사람들은 납덩이처럼 무거움을 느낄 것입니다. 다리에 힘이 들어가 다리를 들려고 해도 들어 올리지 못합니다. 한 학생은 명상을 하고 있는 동안에 마치 다리가 없어져 버린 것 같았다고 보고했습니다. 이 학생은 초선에 들었습니다(초선에 들었다고 이런 느낌을 다 경험하지는 않습니다). 그에게 계속하면 몸 전체가 사라지는 경험도 할 수 있다고 말했습니다.

때론 추위를 느낄 것입니다. 아무리 많은 옷을 껴입어도 추위를 느낍니다. 또 어떤 때는 뜨거움을 느낄 것입니다. 외부 온도에 상관없이 몸이 오븐 안에 있는 것처럼 느낍니다.

만약 자신이 몸과 분리되는 것을 보면 두려워질 것입니다. 이것은 드문 현상이 아닙니다. 다시 말해, 영혼이 몸과 분리됩니다.

더러는 너무 두려운 나머지 더 이상 명상할 엄두를 내지 못합니다. 어떤 사람들은 머리 꼭대기에서 따끔거리는 느낌을 경험합니다. 어떤 사람들은 눈을 감으면 빛과 색을 봅니다. 척추가 시원하다는 느낌은 많은 사람들이 경험합니다.

우리의 수행 과정에서 몇 사람들은 심지어 다리가 저절로 부드럽게 흔들렸다고 말했습니다.

어떤 사람들은 감각 기관이 활동합니다. 시각적 이미지가 떠오르거나, 소리를 들으며, 냄새를 맡습니다. 이런 경험들은 수도 없이 많이 일어날 것입니다. 우리는 거기에 반응하는 경향이 있으나, 그것은 올바른 접근법이 아닙니다. 이 경계들은 일시적이므로 사라질 때까지 앉아 집중을 계속 유지해야 합니다. 집착하지도 두려워하지도 말아야 합니다. 이 현상들이 모든 사람들에게 반드시 일어나는 것은 아니며, 또 항상 일어나는 것도 아닙니다. 거기에는 대개 진정한 이유가 없으며, 그것이 왜 일어나는지 탐구할 가치도 없습니다.

이런 종류의 경계들을 즐기지 마세요. 잔뜩 기대하거나 거부하지도 마세요. 이것은 고속도로에서 차를 몰 때 다른 자동차들이나 경치가 스쳐 지나가는 것과 유사합니다. 집중을 유지하고 목표를 향해 경로를 이탈하지 않아야 합니다.

선어록에서는 명상하는 동안 '마가 나타나면 마를 쓰러뜨려라. 부처가 나타나면 부처를 죽여라.'고 가르칩니다. 다시 말해, 무슨 일이 일어나든, 좋은 현상이든 나쁜 현상이든 상관없이, '여여부동如如不動, 반응하지 않는' 상태를 유지합니다. 궁극적으로 이런 경계에 반응하여 단 한 생각도 일으키지 말아야 합니다. 물론 확신이 없으면, 경솔하게 행동하고 그만두는 대신 유능한 선지식과 상의해야 합니다.

진정한 실력을 갖추기 시작하면, 여러분의 결기를 시험하러 마魔가 찾아올 것입니다. 그들은 여러분에게 공양을 올리러 온 아름다운 여인처럼 기분 좋은 경계들로 나타날 수 있습니다. 아니면 복수심 가득한 무시무시한 모습의 마로 등장할 수 있습니다.

어떤 경계든지 흥분하거나 겁먹지 말고, 염불을 하세요. 그러면 마는 물러날 것입니다.

사미계를 받기 전날 밤 저는 부처님께 절하는 특별 의례를 마치고 12시 반이 지났을 무렵 숙소로 돌아왔습니다. 잠자리에 들무렵은 이미 새벽 1시였습니다. 아침 예불을 위해 늘 새벽 4시에 일어나야 했기에 수면시간은 고작 2시간 남짓뿐이었습니다.

피곤해서 잠에 곯아떨어지자마자, 마魔가 찾아와서 저를 괴롭혔습니다. 마는 제가 정말 출가를 원하는지 물었고, 지금까지 절에서 살아왔던 것보다 재가자의 삶이 훨씬 더 즐겁고 보람있었다고 계속 상기시켰습니다. 그 당시 저는 출가하기 전 절에서 6개월 이상 봉사자로 살았습니다. 특히, 마는 저에게 단도직입적으로 물었습니다. "선禪이 섹스만큼 즐거울까?" 저는 1년 동안 좌선을 했지만 실제로 섹스보다 더 즐거울 수 있는 초선에는 아직 들지 못했었습니다. 그래서 저는 대답했습니다. "아니. 그래도 난 사미沙彌가 되고 싶어!" 마는 과거 나의 즐거웠던 경험을 계속 상기시킨 채, 대화는 한동안 그렇게 흘러갔습니다. 그러다가 불현듯, 내가 제대로 휴식을 취하지 못하고 있다는 사실이 떠올랐습니다. 그리고는 결국 참지 못하고 말했습니다. "이제, 그만 됐으니 제발 물러가라!" 그러나 마는 떠나지 않고 계속해서 괴롭혔습니다. 저는 어찌할 바를 몰랐습니다.

당시에 저는 명상을 좋아했으나, 정토의 수행법과 염불은 약간 경시했습니다. 왜냐하면 선 수행자들은 정토를 닦는 사람들보다 더 수승하다고 생각했기 때문입니다. 그래서 저는 염불하는 사람들을 무시했습니다. 만일 제가 그때 선에 대해 진정 이해했다면 그런 태도는 절대 갖지 않았을 것입니다.

결국, 전 너무 화가 나서 불쑥 내뱉었습니다. "나무아미타불! 제발 사라지게 해 주세요!" 그 다음에 무슨 일이 일어났는지 아직도 생생히 기억납니다. 마치 영화의 한 장면과도 같았습니다. 마의 얼굴은 얼어붙은 것처럼 보였고, 이내 산산조각이 난 다음 바닥에 떨어졌습니다. 그렇게 저는 마를 쫓고나서 잠깐이나마 잠을 청할 수 있었습니다.

이 일은 제가 처음으로 경험한 염불 가피입니다. 훗날, 저는 확신에 차서 학생들에게 염불선을 수행하라고 가르쳤습니다.

모든 명상의 경계들은 시험과도 같습니다. 경계는 목표로부터 여러분을 멀어지게 하거나, 포기를 종용하기 위해 고안되었습니다. 선화상인은 경계에 관한 게송을 남겼습니다.

　모든 것은 여러분이
　무엇을 하는지 보기 위한 시험입니다.
　잘못 선택하면,
　새로이 시작해야 할 것입니다.

　저 역시 말하고 싶습니다.
　"여러분을 시험하러 오는 마는 겁낼 필요가 없지만, 훨씬 더
혹독한 선지식의 시험은 두려워해야 합니다."

13/ 진전 확인하기

이 책은 여러분 스스로 명상하는 법을 터득하도록 돕기 위한 것입니다. 따라서 우리는 여러분이 경과를 점검하고 올바른 길로 가고 있다는 확신이 들도록 지침을 주어야 한다고 생각합니다.

이 책의 훈련 방법들을 고수한다면, 곧 심한 다리 통증과 불편함을 겪을 것입니다. 그런데도 포기하지 않으면, 중요한 첫 번째 시험을 통과할 것입니다.

머지않아 스트레스 수준은 감소합니다. 다리 통증이 스트레스를 날려 버립니다. 그러면 활력이 증가하고 한결같은 집중력을 유지할 수 있습니다.

실제로 창의적인 일을 하는 사람들이 만일 매일 명상을 한다면, 더 창의적이고 더 생산적이 될 수 있습니다. 내가 아는 한 전문 화가는 창의력에 도움이 된다고 매일 명상을 했습니다.

매일 명상을 하면,

• 더욱 존중하게 될 것입니다.

- 더욱 겸손해질 것입니다.
- 더욱 감사하게 될 것입니다.
- 더욱 친절하고 상냥해질 것입니다. 이것은 정신적 힘을 효과적으로 사용하는 법을 배우고 있다는 표시입니다.
- 더욱 인내하고 관대해질 것입니다.

삼매는 자연스럽게 지혜를 엽니다. 지혜로운 사람들은 더 잘 참습니다. 다른 사람들을 비난하고 판단하기보다 자기 잘못을 살핍니다. 지혜로운 사람들은 특히 자신들이 우월하다고 생각하지 않습니다. 그들의 아상我相은 삼매가 증가함에 따라 줄어듭니다.

저는 여러분의 단계를 파악하고 명상 프로그램으로 인도할 지혜로운 스승을 찾을 수 있을 만큼 여러분에게 복이 충분하길 바랍니다.

일반적으로, 여러분이 기억해야 할 매우 중요한 성과 단계 (milestones)가 몇 가지 있습니다.

① 초선初禪

명상에 진지한 사람이라면 초선을 경험하기 위한 목표를 세워야 합니다. 초선에 도달했을 때 상상이 아니라 정말로 실질적인 혜택을 받습니다. 명상하다 보면 전에 들었던 경지를 아직 경험하지 못했는데도 마음의 조작으로 도달했다고 상상할 수 있습니다. 초선에 도달하면 신체적 건강을 비롯해 현실적인 혜택을 누릴 수 있습니다. 즉, 더 강해지고, 더 활력이 넘치며, 회복력은 더 빨라집니다. 영적으로 더 겸손해지고, 더 감사해하며, 더 친절하고 현명해집니다. 두뇌 속에 만들어진 연결고리로 지적 능력은 향상됩니다.

② 오정五定
색계와 무색계의 경계인 다섯 번째 삼매는 매우 넘기 어렵습니다. 만약 여기에 정체된다면, 선지식은 여러분이 도약할 수 있게 도울 것입니다.

③ 수다원과須陀洹果
이 경지는 평범한 상태에서 출세간의 지혜로 넘어가는 중요한 성과단계(milestone)입니다. 저는 여러분이 이 경지에 대해 잘 인지하기를 바랍니다. 만일 관심이 있다면, 여러분은 이에 대해 더 많이 조사해볼 수 있습니다.

④ 아라한과阿羅漢果
이 단계는 구정九定이며, 상좌부 팔리어 경전에서는 깨달음이라고 합니다. 이 단계에서 생사의 윤회는 끝납니다. 하지만, 대승에서 목표로 하는 부처님과 보살의 깨달음을 얻기 전까지 아라한의 갈 길은 아직 멉니다.

110

제4부

덕의 계발—계율과 삼매

14/ 선의 화폐: 복과 덕의 균형

만일 제대로 수행하고 있다면, 명상에서 진전을 보이기 시작하면서 자연스럽게 여러분은 더 부드러워지고 더 친절해지며 더욱 덕을 갖추게 됩니다. 그렇더라도, 지속적으로 진전하기 위해 복과 덕 모두를 쌓는 일은 꼭 필요합니다.

우리는 공을 쌓는 행위를 함으로써 복을 짓습니다. 복은 주로 눈에 보이는 것으로 나타납니다. 가령, 복이 많은 어떤 사람들은 많은 부와 재산을 가지고 있습니다. 또 다른 사람들은 최소한의 노력만으로도 손쉽게 원하는 것을 얻습니다.

그에 반해, 덕은 감춰져 있거나 드러나지 않는 무형의 것을 가리킵니다. 이것은 내면의 선함으로, 보여지거나 알려지기 위한 것이 아닙니다.

불교에서 오계五戒는 덕을 계발하는 데 가장 중요한 방법 중 하나입니다. 기본적인 도덕 규범을 가르치는 오계의 내용은 다음과 같습니다.

① 불살생不殺生: 다른 존재를 죽이는 것을 삼갑니다.

② 불투도不偸盜: 훔치지 않습니다. 주지 않는 것을 갖지 않습니다.

③ 불사음不邪婬: 잘못된 성관계를 하지 않습니다. 배우자 이외의 사람과 성관계를 맺지 않습니다.

④ 불망어不妄語: 거짓말을 하지 않습니다. 사실이 아닌 말을 하지 않습니다. 중국인들이 말했듯이 입으로는 '예'라고 말하지만, 마음으로는 '아니오'라고 하면 거짓말로 간주합니다.

⑤ 불음주不飮酒: 술, 담배, 마약을 끊습니다.

우리는 왜 덕德과 선함(善)을 가르칠까요? 선함(善)은 삼매의 정확한 뜻인 '바른 선정(정정正定)'을 길러주기 때문입니다. 물론, 윤리규범과 예의를 지키지 않아도 집중력을 계발할 수는 있지만, 그렇게 해서 얻은 삼매는 삿될 것입니다. 가령, 은행 강도를 계획하고 실행할 때도 어느 정도의 삼매가 필요하나, 이는 명백히 집중력을 남용하는 것입니다. 반면에 바른 선정은 결코 비도덕적인 행동에 사용되지 않습니다.

선禪과 선함(善, goodness)이 같다는 것은 아무리 강조해도 지나치지 않습니다. 다시 말해, 선善한 사람들은 선禪에도 매우 능숙하며 선禪과 함께 크게 성장할 수 있습니다. 4부에서는, 수행에 성공하고자 하는 수행자들이라면 반드시 길러야 할 핵심적인 덕목에 초점을 맞출 것입니다. 덕을 기르면서 지혜가 열리도록 하는 자질을 스스로 키울 뿐만 아니라 더 많은 선禪의 복도 짓기 시작하게 됩니다.

요컨대 덕의 자질을 키우고 복을 짓기 위해 부지런히 노력하지 않으면, 수행의 진전에 필요한 복의 계좌에 복이 충분치 않을 것입니다

정말로, 선을 닦으려면 많은 복이 필요합니다.

왜 그럴까요?

다른 사람들의 수고로 인해 선을 닦을 기회가 주어졌음을 인정하고 인식해야 합니다. 만일 국가에 의해 유지되는 사회질서가 없었더라면, 우리는 앉아서 명상하지 못했을 것입니다. 소방관들은 불을 끄고, 헌법기관은 치안을 유지하며, 군인들은 전쟁에서 싸웁니다.

게다가 일단 대승불교 사찰에 들어오면, 수행을 뒷받침하기 위해 고안된 특수한 환경이 주어집니다. 보이지 않는 보호막은 방해를 덜 받으면서 수행에 집중할 수 있게 해줍니다. 이는 경찰이 이웃을 순찰하고 문제를 일으키는 사람을 떼어놓는 방식과 유사합니다. 그런 이유로 집보다 사찰에서 더 잘 집중할 수 있습니다.

이러한 조건들은 외부적인 것들입니다. 선을 닦으려면 올바른 내부 조건도 갖추어야 합니다. 예를 들어, 선의 가르침을 만나려면 아주 운이 좋아야 합니다. 그리고 바쁜 일정을 내려놓고 사찰에 와서 배우거나 이런 종류의 책들을 읽어야 합니다. 또한 가르침을 실천에 옮기고 끝까지 해내기 위해 필요한 노력을 기울이

려면 가르침에 대한 충분한 믿음도 가져야 합니다.

요컨대 성공적으로 선 수행을 하기 위해서 선禪의 복이 있어야 합니다. 사실 요즘 사람들은 선 수행을 할 수 있는 이런 종류의 복이 충분하지 않습니다. 여러분이 만약 선을 배울 기회가 있다면, 이러한 기반이 되는 모든 조건들을 소홀히 여기지 않길 바랍니다.

저는 선을 지도하고 난 후 학생들에게 선 수행을 위해서 선禪의 복을 짓는 것이 중요하다는 것을 일깨워주면서 수업을 주로 마무리합니다. 예를 들어, 성공적으로 화두를 닦으려면 일곱 생 연속으로 황제가 될 만큼의 복이 있어야 된다고 합니다.

여러분에게 선 수행이 힘든 이유는 아직 복이 충분치 않기 때문일 것입니다. 그럴 경우, 더욱 복을 지어야 합니다. 봉사와 보시로 여러분이 사는 지역의 사찰을 돕고, 절하면서 참회하고, 계율을 지키고, 선행을 하며, 덕을 기르는 일을 합니다. 이에 대해서는 다음 장에서 더 자세히 설명하겠습니다.

여러분에게 복이 있다면, 선 수행을 통해서 더 많은 복을 지을 수 있습니다.

경전에 따르면, 만약 한 순간만이라도 단 한 생각 없이 선을 닦을 수 있다면, 7보(금, 은, 유리, 차거, 마노, 호박, 진주)로 된 사찰을 갠지스강의 모래알 수만큼 짓는 것보다도 그 복이 더 크다고 하였습니다.

이것은 진정 복 있는 사람들이 더욱 복을 짓게 되는 경우입니다.

기회가 있을 때마다 끊임없이 선禪의 복을 지으세요.

15/ 해치지 않기

선은 힘입니다. 힘을 가진 사람들은 그것을 남용하지 않는 법을 배워야 합니다.

개인적으로, 저는 선의 지도자로서 힘이 있는 학생들에게 넘어서는 안 되는 선이 있다는 것을 일깨워줍니다. 아무리 자신들이 정당하다고 느껴도 의도적으로 누군가에게 해를 끼쳐선 안 되는데, 그렇게 한다면 저 또한 간접적으로 다른 이를 해친 셈이 됩니다. 왜냐하면 제가 결과적으로 제자들의 삼매 수준을 높이도록 도와서 다른 이들에게 더 많은 해를 끼치는 능력을 준 것이기 때문입니다.

불교인들의 오계五戒에는 옳고 그름에 관한 분명한 경계가 있습니다. 계율을 지킴으로써 다른 이들을 해치는 것을 피할 수 있습니다.

심지어 가장 사악한 자들도 해쳐서는 안 됩니다. 일례로, 마왕 마라(Mara)는 석가모니가 막 깨달음을 얻으려 한다는 것을 알고 있었습니다. 가장 사악한 존재인 마라는 석가모니가 깨달음을 얻기 직전이라는 것을 알고는 부처님을 해치고 죽이려 하고, 도를 성취하는 것을 막고자 하였습니다. 부처님을 공격하기 위해 군대를 보냈지만 부처님은 곧바로 물리쳤습니다. 그러자 이번에는 요염한 세 명의 딸들에게 부처님을 유혹하라고 보냈습니다. 또 다시 부처님은 성공적으로 마왕의 딸들을 제지했습니다.

그 결과, 마라는 자기가 모르는 무언가를 부처님은 알고 있음을 깨닫게 되었습니다. 마라는 부처님께 다가와 말을 건넸습니다. 그러자 세상에 존귀한 분(世尊)은 마왕에게 법을 설했습니다. 마라는 그 즉시 상좌부불교에서 성인聖人의 첫 번째 단계인 수다원須陀洹을 성취했습니다.

우주에서 가장 사악한 존재조차 가르침을 받을 수 있습니다. 부처님께서 마라의 사악한 의도에 화를 내고 벌을 주겠다고 결심했다면 이런 가르침이 가능했을까요?

어느 순간에 여러분은 화를 낼 것이고 누군가를 해치고 싶어 할 가능성이 매우 큽니다. 아무리 스스로 정당하다고 여겨도, 누구든지 해치면 절대 안 된다고 스스로 머리에 미리 입력해야 합니다. 나중에 큰 대가를 치르게 될 죄를 짓기 전에 물러나고 비켜서는 법을 배워야 합니다!

대승불교를 이해하는 사람들은 모두를 포용하려는 경향이 있습니다. 진정으로 지혜로운 사람들은 누구도 거부하지 않고 자신의 문제와 어려움을 다른 사람의 탓으로 돌리지 않습니다. 정말로 강한 사람은 자신을 방어할 필요를 느끼지 못하고 상처받는 것을 두려워하지 않습니다.

16/ 자신의 잘못 보기

자신의 잘못을 보는 법을 배우지 않고 덕을 쌓기는 어렵습니다. 외부가 아니라 내면을 더 살펴볼수록 더욱 분명하게 자신의 잘못을 볼 수 있을 것입니다. 우리는 수행자로서, 다른 사람이 아니라 오직 자신의 잘못만을 보아야 합니다!

자신의 잘못을 인식하면, 많은 사람들이 하듯이 그냥 덮어두고 넘어가려 하지 말고 결점을 인정해야 합니다.

어떻게 인정할까요? 여러분이 틀렸음을 받아들이고 사과합니다. 싸우는 대신에 그저 경계심을 낮추고 "죄송합니다! 그럴 뜻은 없었어요.…"라고 말합니다. 정말 진심으로 대하면 상대는 방어하는 대신 적개심을 내려놓는 경향이 있습니다. 무장해제 상태로 진지하게 여러분의 잘못을 인정하는 법을 배우기까지 많은 연습이 필요합니다.

자신의 잘못을 인정하길 바라는 또 다른 이유가 있습니다. 선화상인은 다음과 같은 게송을 지었습니다.

자신의 잘못을 인정하세요.

다른 사람들의 잘못을 보지 마세요.

다른 사람들의 잘못은 바로 나의 잘못입니다.

다른 사람들과 하나됨을 대자비라고 합니다.

우리가 자신의 잘못을 인정하기 시작하면, 자신의 불행에 대해 다른 사람을 탓하는 것을 그만둡니다. 다른 사람들이 한 잘못을 보면 그들에게 화가 날 수 있지만, 다른 사람들의 잘못을 정말로 나의 잘못이라고 인식하세요. 여러분에게 참된 지혜가 열리면, 여러분도 이 뜻을 이해하게 될 것입니다. 아직 잘 이해하지 못했으면, 계속 선을 닦으세요.

동체가 된다는 것을 이름하여 대자비라고 부릅니다. 우리는 모두 불성佛性이라고 부르는 동일한 큰 체體에 속해 있습니다. 깨달으면 이 뜻을 이해할 것입니다.

선 수행자들은 특별한 부류의 사람들입니다. 선의 성취를 이룬 사람들은 다른 사람을 비난하지 않고 아주 겸손하며 꽤 유쾌합니다.

17/ 은혜에 보답하기

인간의 중요한 책무 중 하나는 감사할 줄 아는 법을 배우고, 우리에게 은혜를 베푼 사람들에게 보답하려고 노력해야 한다는 것입니다. 이 책무는 아시아 문화의 효孝 개념에서 없어서는 안 될 부분입니다. 또한 불교인들에게도 우선시되는 덕목입니다.

우리는 효를 다해야 합니다.

① 부모님: 우리는 부모님에게 몸과 생명을 빚지고 있습니다.
② 스승님: 우리를 가르치고 삶을 살아가는 법에 관한 지식을 전해줍니다.
③ 지역사회: 우리는 지역사회가 제공하는 자원의 혜택을 입습니다.
④ 삼보三寶: 우리에게 삼보는 지혜로운 삶을 제공합니다. 삼보는 깨달은 사람인 부처님, 부처님의 가르침인 법과 깨달음을 얻기 위해 수행하는 승가로 구성됩니다.

만일 불자가 아니라면 4번은 그냥 지나쳐도 좋습니다. 선은 삼보로부터 전해진 유산이지만, 불자가 아닌 사람이 삼보에 감사하리라고는 기대하지 않습니다. 삼보는 여러분이 감사함을 느끼는지에 상관없이 여러분을 계속 도울 것입니다.

그런데 부모님께는 감사해야 합니다. 어머님은 여러분을 열 달 동안 품고 다녔고 세상에 나오게 하려고 산통과 수고로움을 견뎠습니다. 여러분이 연약한 어린 시절을 헤쳐 나가도록 도와주는 동안 부모님 두 분은 모두 잠 못 이루는 날들을 많이 견뎠을 것입니다. 생계를 꾸리고 여러분을 키우고 교육시키기 위해 많은 것을 희생했을 것입니다.

여러분이 부모가 되기 전까지는 양육에 관련된 고충을 몰라 감사해 하지 않을 수 있습니다. 만일 부모가 자녀들을 세상으로 데려왔기 때문에 자녀들에게 빚을 지고 있다고 여긴다면, 그것은 잘못된 생각입니다. 저는 감사와 효의 의무를 부모가 자녀들에게 가르쳐야 하며, 자녀의 친구가 되어주는 것에 대해 크게 신경을 쓸 필요는 없다고 생각합니다.

저는 아이들에게 부모를 공경하고 따르며, 부모님의 은혜에 보답하기 위해 열심히 공부하라고 가르칩니다. 우리는 아이들에게 삶은 능력 위주라고 설명해야 합니다. 우리 모두 각자가 맡은 짐을 져야 하는데, 아이들은 공경심을 갖고, 학업에 전념함으로써 가족 내에서 자신들의 몫을 다할 수 있습니다. 당연한 권리나 무책임한 태도는 눈감아 주지 말아야 합니다.

아이들에게 효도에 대해 가르치는 것을 주저할 필요는 없습니다. 그럼 어떻게 가르쳐야 할까요? 좋은 본보기를 통해서 입니다. 즉, 여러분 자신이 부모님께 효도해야 합니다. 만일 여러분이 부모님께 효도한다면, 자녀들은 여러분을 본보기 삼아 효도할 가능성이 큽니다. 그러한 것이 원인(因)이고 결과(果)입니다.

또한 스승님께 감사함을 표해야 합니다. 수업료와 비용을 냈다고 해서 스승으로부터 도움을 받을 권리가 있는 것은 아닙니다. 베트남에 이런 속담이 있습니다. "과일을 먹을 때 나무를 심은 사람들에게 감사해야 한다." 탁월하고 지혜로운 사람들의 경험담을 들어 보면, 대개 여러 갈림길에서 도움을 준 특정한 사람들에 대한 고마움을 이야기합니다.

위대한 스승은 인정을 바라지 않습니다. 오히려 다른 사람을 돕는 것이 최선이라고 여깁니다. 그래서 우리는 모든 스승에게 감사할 줄 아는 법을 배워야 합니다. 만일 여러분이 스승을 존경하지도 감사해하지도 않는다면, 그들의 뛰어남과 지혜를 놓칠 가능성이 높습니다.

저는 좋은 사람이 됨으로써 스승의 은혜에 보답하려고 노력합니다. 또한 가르치는 방식을 터득하자마자 스승의 은혜에 보답하기 위해 다른 사람들을 가르치고 돕는 데 전념했습니다. 그렇습니다. 여러분은 저에게 빚이 없습니다. 하지만 여러분에게 선을 가르침으로써 스승의 은혜에 보답할 기회를 주었으므로 저는 여러분에게 고마움을 느낍니다.

최근에 저는 전 미국 대통령 빌 클린턴, 조지 부시와 같은 세계 지도자들과 자주 접촉하는 한 기업가와 만나는 영광을 누렸습니다. 전 유엔 사무총장 코피 아난은 아시아에서 곤경에 처한 그를 구하러 대륙을 왕래했고 그의 석방을 성공적으로 협상했습니다. 그는 저에게 자기 목숨이 위기에 처했을 때 대자비 관음보살觀音菩薩께 간청했다고 말했습니다. 이것이 그가 반복적으로 구원받은 방법이었습니다. 그 결과, 감사에 대한 보답으로 그는 항상 존경심을 가지고 승가를 대합니다. 이 신사는 품격 있는 사람입니다.

만약 불자들이 삼보로부터 더 많은 혜택을 입고 싶다면, 먼저 존경하고 감사할 줄 아는 법부터 배워야 합니다. 불보살님들은 여러분의 감사, 존경 또는 숭배를 필요로 하지 않지만, 올바른 태도는 여러분이 정말로 도움이 필요할 때 도움 받을 만한 자격을 갖추게끔 합니다.

18/ 모든 이를 존중하기

    다른 불교 종파들의 가르침에 따라 수년간 불교 공부를 즐겨 했던 한 서양 학생이 있습니다. 그는 대승불교에 관한 우리의 설법이 좋아서 왔고, 1년 이상을 함께 수행한 후 가능한 한 많은 것을 내게서 배우고 싶다고 털어놓았습니다. 제가 말하길 "너는 아직 잘 이해하지 못하는구나. 그렇지? 한번 배워보자는 거냐? 아니면 진심으로 가르침을 받고 싶은 거냐?"

    이것이 바로 지혜를 구할 때 서양식 접근 방식의 잘못된 부분입니다.

    이해하십니까?

    지식은 실험, 실증적 자료 수집, 관찰을 통해서 배울 수 있습니다. 저의 서양인 제자들은 이러한 쪽으로 뛰어납니다. 그들은 열린 마음으로 와서 저를 관찰합니다. 그리고는 그런 방식으로 불교에서 많은 것을 얻습니다. 그런데도, 제가 그들을 시험해 보면 영락없이 중간에 무너집니다.

    왜 그럴까요?

    불교에 관한 지식 쌓기에는 성공했지만, 불교의 지혜를 여는 데는 실패했기 때문입니다.

분명하게 다시 한 번 말합니다.

지식은 배울 수 있습니다. 그러나 지혜는 가르침을 받아야 합니다.

여러분은 재량껏 많은 불서를 읽을 수 있지만, 그런 식으로 얻을 수 있는 모든 것을 우리는 문자반야라고 부릅니다. 그것은 단지 초월적 문제에 관한 지식일 뿐입니다. 문자의 의미를 깊게 꿰뚫는 가르침을 받지 못하면, 진정한 초월적 지혜는 결코 얻지 못할 것입니다.

저는 많은 서양 학생들의 거만한 태도를 지켜봐왔고, 저 역시도 한때는 그러했습니다. 미국에 유학 왔을 때, 저는 친구들의 태도를 따라했습니다. 다리를 책상 위에 올리고 "한번 가르쳐보세요, 날 위해 무엇을 내놓을 셈인가요?"라는 말을 할 태세로 교수를 쳐다보곤 했습니다. 그러나 불교를 공부하면서 저는 겸손함을 배워야만 했습니다.

만약 여러분이 스승을 존경하지 않는다면, 그들이 여러분을 가르쳐야 할 이유가 있을까요?

이것이 불교의 미묘한 가르침입니다. 우리는 학생들에게 비용을 청구하지 않습니다. 입회비, 숙박비, 식비가 없습니다. 시설이 수용할 수 있는 한도 내에서 모든 것은 무료로 제공됩니다. 여러분이 원한다면 기부는 할 수 있지만, 기본적으로 돈을 요구하지는 않습니다.

왜 그럴까요? 불교의 지혜는 대학의 학위처럼 판매용이 아닙니다. 저의 스승님들은 한 푼도 청구하지 않으셨습니다. 사실 가르침은 너무나도 값진 것이어서, 가르침을 준 분들께 진 빚을 다 갚을 수는 없습니다. 그래서 저는 가르침을 실천에 옮김으로써, 그리고 터득한 것을 대가없이 다른 사람들과 공유함으로써 은혜에 보답하는 방법을 선택했습니다.

가르침을 받을 만한 자격이 되기 위한 첫 번째 조건은 가르침과 스승을 존중해야 한다는 것입니다.

그렇다고 스승의 비위를 전적으로 맞추라고 말하는 것은 아닙니다! 그보다는, 감사의 표시로써 존경하는 법을 배워야 한다는 뜻입니다.

나아가 가르침을 받기 전 다른 사람들에게 자기의 의지를 강요하지 않겠다고 다짐해야 합니다. 삼매는 정신적인 힘이기 때문에, 이미 강조했듯이, 선정력이 있는 자들은 이 정신적인 힘을 남용해서는 절대 안 됩니다.

결국 선지식은 종종 다른 사람들을 깊이 존중하는 학생들을 선택합니다.

그러면 어떻게 하는 것이 다른 사람들을 진정으로 존중하는 것일까요?

① 타인의 의견을 존중합니다. 그들의 견해를 이해하려고 노력합니다.

② 타인이 아무리 사악할지라도 거부하지 않습니다. 여러분 혼자만 옳고, 어떤 이는 너무 사악해서 벌을 받고 파멸해도 마땅하다고 결정짓지 말아야 합니다.

저는 고등학교 시절부터 친한 친구가 있습니다. 우리는 경영 관리 경험을 비롯해 많은 공통점을 가지고 있습니다. 제 친구는 항상 매우 지적이고 이성적이라는 인상을 주었습니다. 어느 날, 함께 밥을 먹으면서 그는 사춘기에 접어든 12살 딸아이에 대해 이야기했습니다. 딸은 아버지가 이야기하는 모든 것에 반대했습니다. 그는 딸에게 진절머리가 났지만 '최소한 아버지가 말하는 것을 끝까지 들어야 어떤 점에 반대하는지 알지 않겠냐'고 딸에게 말했습니다. 그리고는 자기의 재치있는 말에 매우 만족스러운 듯 웃음을 지었습니다.

저는 아무 말도 하지 않고 15분을 더 기다렸다가 그의 '재치있는' 말을 다시 꺼냈습니다. 저는 친구의 방식이 잘못됐다고 말했고, 딸아이가 얼마나 그른지 상관없이 계속 딸의 의견을 존중하지 않으면, 딸이 아버지에게서 배우기를 바랄 수 없다고 설명했습니다. 저는 다양한 의견들에 대해 좀 더 마음을 열고, 다른 사람도 옳다고 인정하는 법을 배우라고 친구에게 조언했습니다.

저의 선한 의도를 이해하고 친구는 다음과 같이 말했습니다. "그래, 자네 말이 맞네. 내가 옳다는 것을 내 딸아이에게 인정하게끔 할 때, 나 역시도 딸이 옳다는 것을 인정하는 법을 생각해

봐야겠네." 제 친구는 꽤 똑똑하고 괜찮은 사람입니다!

제가 친구에게 조언하기 전에 왜 잠시 기다렸는지 궁금해 하실 수 있는데, 그것은 제가 먼저 그가 옳다는 것을 인정했기 때문입니다. 똑똑하거나 지혜로워 보이지 않는 사람들로부터도 계속 많은 것을 배운다는 점을 언급하고 싶습니다. 인종, 지위, 직업, 나이에 상관없이 제가 모든 사람들에 대해 깊은 존경심을 기르려고 노력하는 것은 그런 이유 때문입니다.

돌아가신 저의 스승님은 가끔 제자들에게 공자의 말씀을 예로 드셨습니다.

'세 사람이 함께 길을 가면, 그중에 반드시 나의 스승이 있다.'

그만큼 공자는 지혜로웠습니다. 만일 다른 사람들을 경멸하거나 무례하게 대하는 어떤 기미라도 있었다면, 공자는 누군가로부터 배울 수 있었을까요? 모든 사람들을 깊이 존중하면 우리는 그들에게서 배울 수 있습니다. 다른 사람들을 효과적으로 가르치고 싶으면 먼저 그들에게 열심히 배워야 합니다.

다른 사람들에 대해 깊은 존경심을 갖는 이유는 무엇일까요?

모든 존재가 불성을 지니고 있기 때문입니다. 부처님은 깨달음을 성취한 후 감복했습니다.

"참으로 경이롭다! 참으로 경이롭다! 모든 존재는 불성을 지녔다. 모든 중생은 불성을 지녔으나 깨닫지 못하는 이유는 집착과 번뇌 때문이다!"

불성으로 인해서 모든 중생은 다 같은 깨달음의 성품을 부여

받았습니다. 그러나 우리의 잘못된 습관과 망상 때문에 이 깨우친 근본 성품은 가려져 있습니다. 마음 깊은 곳에서, 궁극적으로 우리는 모두 같습니다.

따라서 모두 부처님이 될 존재이므로 불자는 다른 사람들을 존중하는 법을 배워야 합니다.

만일 여러분이 다른 사람들을 정말로 존중한다면, 고의로 남을 두렵게 하지 않을 것이며, 누군가를 해치겠다고 위협하거나 실제로도 해치지 않을 것입니다.

19/ 양보: 손해 감수하기

양보는 선의 정수精髓입니다.

일부 문화에서는 전통적으로 양보를 중시합니다. 이것은 중국에 전해지는 '공융孔融과 배'의 일화를 통해 알 수 있습니다.

고대 중국에 공융孔融이란 이름의 영리한 소년이 있었습니다. 이 소년은 매우 영리해서 고작 네 살이 되었을 무렵 수많은 시를 외울 수 있었습니다. 그러나 이 소년은 그 지적 능력보다 형제들에 대한 존경심과 우애로 더 잘 알려졌습니다.

공융은 다섯 명의 손위 형들과 한 명의 남동생이 있었습니다. 어느 날 그의 아버지는 배가 담긴 바구니를 들고 와서 공융에게 그중 하나를 고르라고 했습니다. 그러자 그는 가장 작은 것을 집어 들었습니다. 아버지는 놀라서 물었습니다.

"왜 제일 작은 것을 골랐느냐?"

공융이 대답했습니다.

"제가 제일 어리기 때문이지요. 더 큰 것들은 형님들을 위한 것이에요."

아버지는 말했습니다.

"그런데, 너보다 어린 동생도 있잖니."

공융은 대답했습니다.

"예, 제가 나이가 더 많으니, 동생에게 더 큰 것을 남겨줘
야죠."

이 말을 듣자 아버지는 크게 기뻐하며 행복하게 웃었습니다.

공융의 배에 대한 일화는 빠르게 전국으로 퍼져 세대에서 세
대로 전해오고 있습니다. 많은 중국의 부모들은 아이들에게 배
려를 가르칠 때 완벽한 본보기로 아직도 이 예를 듭니다.

양보는 선禪의 정신과 일치합니다. 싸우는 대신 우리는 양보하
는 법을 배워야 합니다.

경쟁사회에서, 우리는 옳다는 것에 집착하게 될 수도 있고, 나
약하다고 생각되는 사람들을 이용할 수도 있습니다. 우리는 다
양한 방식으로 이렇게 합니다. 지적인 우월함을 내세우기 위해
논쟁으로 다른 사람을 당황하게 할 수도 있습니다. 또한, 시험에
서 속임수 쓰기, 게임에서 부당한 이득 취하기, 자기의 잘못을
남 탓으로 돌리기와 같은 일들을 저지를 수도 있습니다.

우리는 세속에 대한 집착으로 명성과 부를 쫓고 정상에 올라
가려고 몰두하게 됩니다. 우리가 최고라는 것 또는 우리가 옳다
는 것을 증명하는 과정에서 다른 사람들을 다치게 하거나 그들

이 성취하고자 하는 일을 달성하지 못하게 할 수도 있습니다.

그렇지만 덕은 누가 옳다는 것을 증명하는 데 있지 않습니다.

지혜와 깨달음의 길은, 세속에서는 성공이라 여기는 바로 그 위업으로부터 우리 자신을 자유롭게 하는 데 있습니다. 세속적인 집착과 옳다는 욕구에 매달리는 대신, '자아(ego)'를 포기하는 쪽을 선택할 수 있습니다. 다른 사람들이 꼭대기에 올라 주목받는 것을 즐기도록 그들에게 사다리를 내어주며 양보할 수 있습니다. 초심자에게는 양보가 처음엔 두려운 과정일 수 있습니다. 우리는 상실을 싫어해서 투쟁하고, 우리의 가치나 동료들의 찬사가 사라지는 것을 두려워합니다.

그러나 비본질적인 것을 벗겨 내는 바로 이 포기의 행위 안에 우리의 참된 본성眞性뿐만 아니라 다른 사람들의 참된 본성을 볼 수 있게 됩니다.

지혜로운 사람들은 이득과 평판에 매달리지 않습니다. 오히려 자신들은 손해를 감수하는 것을 선호하는 한편, 다른 사람들이 이익을 취하도록 돕습니다. 지혜로운 사람들은 기꺼이 다른 사람들을 격려하고 지원하는데, 이것은 다른 사람들을 기쁘게 하기 위함이 아니라, 가르침의 목적을 이루거나 올바른 길로 인도하기 위해서입니다.

만약 개인이 남을 희생시키면서 오로지 자기의 안위에만 관심이 있다면, 사회는 무너집니다. 인류 역사상 위대한 영웅들은 더 큰 선善을 위해 자신들의 희생을 선택했던 사람들입니다.

현대사에는 적어도 세 가지 주목할 만한 사례가 있습니다.

첫 번째는 마하트마 간디입니다. 간디는 인도와 전 세계에서 시민권과 자유를 얻기 위해 비폭력적인 시민 불복종 운동을 전개했습니다. 남아프리카와 인도에서 여러 해 동안 감옥에 갇혔지만, 가난을 없애고 종교적 관용을 기르기 위한 과업을 멈추지 않았습니다. 그는 겸손하고 소박하게 살았으며, 암살당하기 전까지 불평등과 맞서 싸웠습니다.

두 번째는 마더 테레사입니다. 마더 테레사는 인도 캘커타에 자선 선교단체를 설립했고, 45년 넘게 가난하고 병들고 죽어가는 사람들을 위해 운영했습니다. 평생 에이즈, 나병, 결핵 환자들을 위한 병원과 집을 비롯해 23개 나라에 600개가 넘는 선교단체의 설립을 도왔으며, 급식 시설, 보육원, 학교를 설립한 공로로 1979년 노벨 평화상을 수상했습니다.

세 번째는 마틴 루터 킹입니다. 그 또한 노벨 평화상을 수상했습니다. 침례교 목사이자 시민권 운동가인 그는 인종 차별과 분리를 막기 위해 평생을 일했습니다. 또한, 빈곤과 베트남 전쟁을 끝내는 데도 전념했습니다. 그는 간디를 모델 삼아 비폭력 시민 불복종으로 목표를 달성하기 위해 노력했습니다. 20번 넘게 감금당했으며, 결국엔 운동가로 일하다 암살당했습니다.

우리는 이 세 인물이 보여준 봉사 정신을 닮도록 노력해야 합니다. 선사는 바르고 베푸는 사람들을 가르치기 좋아합니다. 특히 뛰어난 선지식일수록 숙련된 학생들에게 양보하는 역량을 끊임없이 시험합니다.

　양보는 인내심의 미덕을 나타냅니다. 더 많이 양보할수록 자아의 지배력은 더 느슨해질 수 있습니다.

자아를 약화시키기

우리의 자아는 우리가 일으키는 모든 문제의 근본 원인입니다.

　대부분의 사람들에게 자아는 두 가지 형태로 나타납니다. 견혹見惑과 사혹思惑입니다.

　견혹은 탐욕, 질투, 욕망을 일으키는 대상을 인식할 때 발생합니다. 예를 들어, 우리는 자동차, 옷, 사람 등과 같이 멋진 것을 보고 불현듯 좋아져서 소유하고 싶어 합니다. 견혹은 행동 및 삶의 방식에 너무나 깊숙이 배어 있어서 우리는 이것을 아주 당연하게 여깁니다. 욕심을 부리고 필요 이상 취하는 것을 평범한 행동으로 받아들이는 것 같습니다.

　한편, 사혹은 분별할 때 생깁니다. 왜냐하면 이치理致에 대해 혼란스럽기 때문입니다. 가령, 우리는 끊임없이 옳고 그름, 길고 짧음, 좋고 나쁨, 즐거움과 불쾌함, 유리함과 불리함을 분별합니다. 이러한 경향은 교육 시스템에 의해서 강화됩니다. 교육은 더 효과적으로 분별하도록 가르치는 데 탁월합니다. 게다가 사회는 혁신을 장려하고, 분석과 식별을 더 잘하는 사람들을 높이 평가합니다.

옳고 그름에 대한 사혹은 특히 파괴적일 수 있습니다. 많은 사람들이 우리는 옳고 다른 사람들은 그르다고 믿습니다. 우리는 종종 자신을 증명하기 위해 많은 시간을 할애하고 우리가 잘못되었다고 생각하는 사람들을 심지어 비난하고 모욕하거나 극단적으로는 파괴할 용의까지 있습니다.

견혹은 비교적 쉽게 감지되는 반면, 사혹은 우리의 깊은 정신적인 차원에서 일어나기 때문에 발견하기가 더 어렵습니다.

언제 분별하고 또 분별하지 말아야 할지를 배우는 것이 중요합니다. 가령, 평가하고 판단하는 일로 돈을 번다면 최선을 다해야 합니다. 하지만, 그렇지 않을 때는 판단을 자제해야 합니다.

이것은 우리의 정신 활동을 줄이고, 다양한 환경의 모든 유형의 사람들과 함께 더 편안하게 있을 수 있도록 해줍니다. 불필요하게 판단하는 사람들은, 순전히 심술궂고 앙심을 품으며 모질다고 인식될 수 있습니다. 또한, 불필요한 판단은 선을 닦는 데도 방해가 됩니다.

모든 불교 문헌들은 우리에게 견혹과 사혹을 알아차리고, 그것들을 끊어버리라고 말합니다. 불교에 조예가 깊은 학생들에게 어떻게 망상을 끊는지를 배웠냐고 물어보면, 아무도 대답하지 못했습니다.

견혹과 사혹을 끊으려면, 다양한 형태로 올 수 있는 손해를 감수하겠다고 다짐해야 합니다. 이것은 누군가에 대한, 또는 어떤 상황에 대한 힘과 통제의 포기를 의미할 수 있습니다. 즉, 자기가 공功을 차지하기보다 다른 사람이 그 공을 차지하게 하는 것, 사적 이익을 추구하기보다 베푸는 것, 칭송받기보다 칭송하는 것, 복수하기보다 분노를 삭이는 것, 손해를 되갚아 주기보다 해를 끼친 누군가에게 온화하게 말하는 것입니다.

제가 학생들에게 손해를 감수하는 것에 대한 중요성을 강조하자, 누군가가 말했습니다.

"아, 그건 쉽지 않아요!"

실제로 양보는 하기 어렵습니다. 양보하지 못하게 가로막는 것은 무엇일까요? 그것은 여러분의 아상我相입니다.

아상 또는 소위 말하는 자신의 '더 좋은 판단'에 귀 기울이지 않는 법을 배워야 합니다. '더 좋은 판단'에 귀 기울이면 그때는 분별심에 엮이게 됩니다. 그러나 매번 아상의 불평을 외면할 때마다 분별을 덜 하게 됩니다. 이것이 자아의 영역과 그 힘을 축소하는 방법입니다. 자아가 자기를 주장할 수 있는 경로를 줄여야 합니다. 그보다 더 좋은 건, 손해를 보거나 양보를 선호하기로 다짐하는 것입니다.

한 학생이 손해를 보는 게 사실은 이기는 것이라고 말했을 때, 저는 매우 흡족했습니다. 이 학생은 석가모니 부처님의 예를 들었습니다.

부처님이 되기 전 그는 싯다르타 고타마라는 이름으로 알려진 왕세자였습니다. 부처님의 아버지는 수도자 또는 사문(금욕적인 삶을 위해 집을 떠난 사람)이 되기 위해 아들이 왕좌를 버릴 거라는 예언을 익히 알고 있었습니다. 이를 막기 위한 노력으로 왕은 왕세자에게 아낌없는 사랑을 베풀었습니다. 다양한 계절용 궁전을 지었고, 순종 마, 연회, 후궁, 아내 등 좋아할 만한 모든 것들을 마련했습니다. 그러나 왕세자는 모두 포기하는 쪽을 택했습니다. 많은 사람들은 그런 그의 행동을 정신 나간 짓이라고 치부할 것입니다. 이 선택은 단지 전륜성왕이 아니라 그를 부처님이 되는 길로 이끌었습니다.(전륜성왕은 굉장히 복이 많고, 세속에서 높은 수준의 직무를 수행하는 강력한 통치자입니다. 하지만 영적 세계에서의 지위는 매우 낮습니다.)

그러자 또 다른 학생은 손해를 감수하는 것 또한 분별심이라고 주장했습니다. 여러분은 어떻게 생각하나요?

손해보는 것을 선택하는 것은 확실히 분별하는 것이 맞지만, 이것은 지혜로운 선택입니다. 여러분은 어디서든 시작해야 합니다. 양보하고 손해를 떠안는 방식으로 행동하기로 선택하면 분별심은 줄어들 것입니다. 양보할 때마다 덜 분별합니다. 계속 그렇게 하면 자연스러워질 것입니다. 그러면 덜 분별함이 곧 몸에 밸 것이고, 끝내는 더 이상 분별하지 않는 상태로 될 것입니다.

만일 바로 모든 분별을 멈출 수 있다면, 분명히 그렇게 해야 합니다. 하지만, 그것은 불가능에 가깝습니다. 차라리 분별함으로써 분별심을 끝내는 방법을 차츰 배워나가는 과정을 거쳐야 합니다.

이것이 많은 현자들이 걸어간 길입니다.

이해심이 많을수록 이기적이지 않고 양보심은 더 강해질 것입니다. 더 이상 자신을 증명할 필요를 느끼지 못하거나 여러분의 의지를 다른 사람들에게 강요하지 않을 것입니다. 오히려, 다른 사람들이 자신들의 목표를 이루도록 도움으로써 삶에서 더 많은 것을 얻을 것입니다. 그렇게 하면서 우리는 더 나은 사람이 됩니다.

20/ 인내심: 많을수록 좋다

선을 닦고자 하는 사람들은 세 가지 필수 조건인 다음의 자질들을 갖춰야 합니다.

① 인내심(patience)
② 탐욕 또는 욕심 부리지 않기(lack of greed or acquisitiveness)
③ 끈기(perseverance)

이번 장과 다음 두 장에서 이러한 조건들을 살펴보겠습니다.

처음에 좌선은 부자연스럽습니다. 따라서 참을성 있게 지침을 따르는 법을 배워야 하고, 다리와 허리의 통증을 잘 견뎌야 합니다. 이로 인해서 대부분의 사람들은 포기합니다.

인내심은 명상으로 우리가 키우려고 하는 가장 중요한 자질 중 하나입니다. 실제로 완벽한 인내심이 없으면 선에서 성공할 수 없습니다.

인내심은 견딜 수 없는 것을 견디는 역량입니다. 그럼에도 불구하고 여러분은 기꺼이 더 많이 인내하고자 합니다.

인내심은 말이 아니라 행함으로써 키워지게 됩니다. 그 이유는, 선을 배우는 학생들이 치르는 인내심 테스트들을 설명하면 명확해질 것입니다.

선 학생은 추위를 참아야 합니다. 캘리포니아 로즈미드에 있는 우리 사찰은 겨울에 난방 기구를 잘 켜지 않기 때문에 가끔 '얼음 상자'로 불립니다. 캘리포니아라도 겨울에는 춥습니다! 추위는 선 수행에 이상적입니다. 추우면 우리는 자연스럽게 안으로 들어갑니다. 단전으로 돌아가면 몸을 따뜻하게 하는 데 도움이 됩니다. 이것이 개인용 히터를 켜는 방법입니다. 추위를 견디는 것은 집중력을 높이는 데 도움이 됩니다.

선 학생은 더위를 참아야 합니다. 우리는 여름에도 냉방 기구를 켜지 않습니다. 이것은 냉기나 온기에 집착하지 않도록 하기 위해서입니다.

선 학생은 피곤함을 참아야 합니다. 너무 피곤하더라도, 쉬거나 휴식을 취하고 싶은 유혹을 물리쳐야 합니다. 명상 일정을 잘 지키세요. 매일의 일과 후에 명상하기로 마음먹었다면 그대로 따르세요. 심지어 너무 길고 고단한 하루를 보낸지라 그냥 한잔 하거나 TV를 보고 싶더라도, 다리를 틀고 명상하려는 충분한 절제가 있어야 합니다. 피곤할 때 삼매에 들기가 더 쉽습니다.

선 학생은 목마름과 배고픔을 견뎌야 합니다. 반드시 관리 감독 하에 해야 하는 아주 특별한 훈련이 있습니다. 재차 말하지만, 이것은 선지식의 관리 감독 없이 집에서 혼자 시도하지 않습니다. 이 법을 수행하기 위해 9일 동안 음식을 삼갑니다. 처음 9일간의 단식 동안 하루 한 컵의 물만 마실 수 있습니다. 나흘째 되는 날 분명히 갈증이 날 것입니다. 실제로 너무 목이 말라 바닷물을 전부 들이켜서라도 갈증을 해소하고 싶어집니다. 거기다가 배고픔의 찌르는 듯한 고통이 있습니다. 이 훌륭한 높은 수준의 훈련은 아주 복 있는 사람들을 위해 마련되었습니다.

선 학생은 때론 비바람도 견뎌야 합니다. 이것은 불교 출가자들의 전통과 일치합니다. 부처님 당시 출가자는 주로 야외, 나무 아래에서 지내면서 비바람 등을 견뎌야만 했습니다.

선 학생은 비난도 참아야 합니다. 저에게는 아주 착한 학생이 있습니다. 그녀는 마음이 고와서 모두에게 사랑받는 사람이었습니다. 아주 친절하고 자비로웠으며, 추위, 배고픔, 목마름, 악천후 등도 잘 견뎠습니다. 그 결과, 그녀의 삼매 수준은 꽤 높아졌습니다. 그래서 질책받는 테스트를 해봤습니다. 뭘 해도 받아들이던 이 학생에게 소리를 질렀더니 전투적인 성품이 드러났습니다. 야단은 그녀를 "욱" 하게 합니다. 화가 나면 비열해지고 최악의 경우 급격하게 성격이 변했습니다. 그래서 저는 그녀가 성격 결함을 성찰하도록 지도를 중단하고 1년간 쉬게 했습니다.

선 학생은 통증을 끝끝내 참아야 합니다. 여러분이 다리 통증을 얼마나 싫어하는지 저는 잘 알고 있습니다. 그러나 통증을 참으면 아주 빨리 성장할 것입니다.

과거 중국에서는 수행하러 선방에 온 참선자들이 매를 두들겨

맞았습니다. 현재 서양에서는 중단됐지만, 일부 국가에서는 여전히 남아 있습니다. 이것은 훈련의 한 형태로, 적절히 행해지면 이를 통해 깨달음을 얻는다고 알려져 왔습니다.

학생이 벽을 향해 앉아서 명상할 때, 경책사警策師는 죽비를 들고 선방을 돌아다닙니다. 어쩌다가 아주 가볍게라도 몸을 움찍거리면 부드럽게 학생의 어깨를 두드립니다. 그런 다음 학생의 등 뒤에서 무릎을 꿇고 죽비로 후려칩니다. 유명한 선방일수록 학생의 등에서 죽비가 더 많이 부러졌다고 알려져 있습니다.

만약 꾸벅꾸벅 조는 것을 발견하면 경책사는 더 수행 정진하라는 의미로 그 즉시 호되게 내리칩니다. 이따금, 경책사가 때리는 이유가 분명치 않을 수도 있습니다. 아마 아침에 일어났을 때 기분이 안 좋았거나 아내가 소리를 질렀거나 아니면 주식 시장에서 돈을 잃었을 것입니다. 누가 알겠습니까? 경책사는 자기의 행동을 정당화할 필요 없이 재량껏 학생을 때릴 수 있었습니다.

요점은 무엇일까요? 아무리 부당하고 불합리해 보여도 참아야 한다는 것입니다.

말도 안 되는 일을 참고 번뇌가 일어나지 않는 법을 배워야 합니다. 왜냐하면 이것은 여러분을 여여부동如如不動하게 해줄 것이기 때문입니다. 이것이 진정한 인내심입니다.

선정력의 수준이 높아질수록 인내심은 커집니다. 구정九定의 정점은 무생법인無生法忍이라고 부릅니다. 이 명칭은 무슨 일이 있든 단 하나의 생각도 일으키지 않는 상태를 함축합니다.

『사십이장경四十二章經』에서 부처님은 다음과 같은 질문을 받았습니다.

"가장 위대한 힘은 무엇입니까?"

세존은 대답했습니다.

"모욕당해도 참는 것이 가장 큰 힘입니다. 참을성 있는 사람들은 악하지 않으며, 점점 더 평온하고 강해집니다. 악하지 않기 때문에 틀림없이 다른 사람들의 존중을 받을 것입니다."

논쟁이 완전히 없어지면 평화가 옵니다.

또한 인내함으로써 여러분이 점차적으로 강해지는 이유가 두 가지 있습니다.

첫째, 인내심이 늘면 성격의 약점을 극복하는 데 도움이 됩니다. 고대인들은 인내심을 금의 제련에 비유했습니다. 인내심은 금을 점차적으로 정제하는 뜨거운 열기와 같습니다. 역으로, 인내심의 부족은 인내심으로 완화할 수 있는 단점들을 악화시키는 경향이 있습니다.

둘째, 분노는 많은 에너지를 소모합니다. 인내심이 많은 사람은 나쁜 일에 에너지를 소모하지 않습니다. 따라서 더 많은 힘을 비축합니다.

실제로 나는 수행자의 힘을 '매를 감당하는 역량'이라고 정의합니다. 육체적으로, 정신적으로, 정서적으로 고통과 괴로움을 참는 것입니다. 이때 슬픔, 상실감, 모욕감이나 다른 힘겨운 상태가 수반될 수 있습니다. 많은 사람들이 상식에 어긋난다고 할지 모르지만 수행자는 고난을 참고 집착을 내려놓음으로써 더 강해질 수 있다는 것을 이해해야 합니다.

더 많이 참을수록 더 강해집니다. 점점 더 공격에 면역이 됩니다.

참고로 아이들에 대한 학대는 해롭고 불건전하다는 것을 강조하고자 합니다. 언어폭력을 비롯해 어떤 형태로든 학대를 하지 말아야 합니다.

그러나 수행하는 어른들은 '매 맞는 것'을 두려워하지 않아야 합니다. 다칠 수 있는 극한 상황까지는 아니지만, 견디기 어려운 것을 견딤으로써 인내를 수행할 수 있습니다. 수행하면서, '매 맞는 것"을 감당하고 다른 사람을 탓하지 않으면, 여러분은 더 강해질 수 있습니다. 이는 참기 어려운 것을 얼마나 참을 수 있는지를 연습하는 것입니다.

웃음거리가 되고, 질책을 당하면서도 그만두거나 도망가지 않는 것은 쉽지 않습니다. 그만두고 싶은 욕망은 한계를 보여주는 것입니다. 두려워하는 것은 약점입니다. 인내심을 훈련하면, 더 많이 참을수록 더 빠르게 성장할 것입니다. 인내심 훈련은 큰 이점이 있는데 한계는 스스로 정하기 나름입니다.

이는 금속의 압착실험과 유사합니다. 응력점을 찾기 위해 금속이 한계에 이르러 부러질 때까지 금속을 계속 구부립니다. 머리가 좋은 사람은 "이것이 나의 한계점이야."라고 말할 것입니다. 그런데 수행자는 무생물의 개선할 수 없는 금속 조각과는 다릅니다. 수행자는 한계점에 이른 다음에야 삼매의 수준을 높일 수 있습니다. 이로써 더욱 강해지고 한계점을 조금 더 높일 수 있습니다.

나아가 저는 학생들에게 강한 사람들은 어려움을 견디되, 보복하지 않는다고 말합니다.

무엇 때문일까요?

여러분이 진정으로 강하면 다른 사람들에게 자신을 증명할 필요가 없습니다. 그들이 여러분에게 무슨 짓을 하든 참을 수 있습니다. 우리는 여러분의 인내심을 테스트하는 사람들을 진정으로 반기고 고마워합니다. 우리는 심지어 우리를 해치거나 학대하더라도 앙갚음하지 않을 것입니다.

만일 보복한다면, 여러분의 인내심 테스트는 실패할 것이고 어떤 진전도 이루지 못할 것입니다. 하지만 보복하지 않고 참는다면, 단지 참는 행동이 여러분을 더 강하게 만들어줄 것입니다. 그로 인해 여러분의 힘은 진짜 천하무적이 될 때까지 계속해서 자랄 것입니다. 그때가 되면 무슨 일이 일어나도 동요되지 않고 여여부동如如不動할 것입니다.

21/ 욕심 부리지 않기

선의 세 가지 조건 중 두 번째는 탐욕과 갈망을 경계해야 한다는 것입니다.

빠른 성과를 내려고 욕심을 부리지 말아야 합니다. 불과 몇 시간 정도 선을 닦고 나서 깨달을 것이라고 기대하지 마세요!

절대 신통력을 갈망해서는 안 됩니다. 선은 자연스럽게 특별한 능력을 계발하게 해줄 것입니다. 그러니 욕심을 부려서는 안 됩니다. 욕심을 부리는 사람들은 반드시 옆길로 빠집니다.

감각적 쾌락을 탐하지 말아야 합니다. 특히 감각적 쾌락을 높이는 훈련을 멀리하세요. 삿된 것입니다.

인정을 갈망하지 마세요. 고백하건대, 저는 선정력이 있는 사람들이 멋있다고 생각해서 명상을 시작했습니다. 이것은 아시아인들 사이의 허상인데, 아마도 쿵푸 영화를 너무 많이 본 탓인 것 같습니다. 운 좋게도, 저는 선화상인이라는 훌륭한 선지식으로부터 가르침을 받았습니다. 스승님은 저의 어리석음을 빨리 깨닫도록 도와주었습니다. 아상을 기르는 것은 선 수행의 진척을 더디게 만들 것입니다.

이득을 탐하면 안 됩니다. 저는 이것이 여러분의 원칙에 어긋 난다는 것을 압니다. 1등을 노려야 한다고 생각하지 않습니까? 남들보다 우위를 선점하는 것이 훨씬 더 만족스럽지 않습니까?

너무 편협해지지 마세요!

탐욕스러운 사람은 큰 그림을 보지 못합니다.

만일 여러분이 더 행복해지고 싶다면, 탐욕이 도움이 될까요? 전혀 그렇지 않습니다! 탐욕스러운 사람들은 천성적으로 가진 것에 만족하지 못합니다. 심지어 원하는 것을 얻더라도 항상 무언가 또 다른 것을 바랍니다. 탐욕스러울수록 진정한 행복은 찾을 수 없을 것입니다.

차라리 이미 가진 것에 대해 만족하는 법을 배우세요. 그러면 여러분의 욕망을 줄이는 데 도움이 될 것입니다.

22/ 포기하는 사람

여러분은 끈기있게 해야 합니다. 수행을 한결같이 꾸준히 하고, 그만두지 말아야 합니다. 이러한 끈기가 세 번째 조건입니다.

마음은 끊임없이 이리저리 날뛰기 때문에 긴 시간 동안 앉아 있을 수 없습니다. 그런 이유로 우리는 여러분을 한 시간 동안 어떻게든 앉아 있게끔 하고, 여러분은 일어나서 그만두고 싶은 유혹에 맞서는 법을 배워야 합니다.

다시 말해, 선 수행의 초기 단계는 끊임없이 그만두도록 설득하려는 여러분의 똑똑한 마음에 귀 기울이지 않는 법을 배웁니다.

선 수행에서 가장 뛰어난 점 가운데 하나는 쉽지 않은 것들을 행하도록 하는 것입니다. 가령 한 시간 동안 앉는 결가부좌처럼, 어려운 방식으로 하라고 가르칩니다. 물론 대부분의 사람들은 할 수 없습니다. 그래도 계속 시도하고, 더 오래 앉아 있는 법을 익히도록 끊임없이 독려합니다.

단도직입적으로 말할까요?

여러분이 포기하게끔 우리가 밀고 나가더라도, 계속해서 버텨야 합니다. 인생에서 가장 가치 있는 것들이 그러하듯이, 성공하기 전에 실패를 맛봐야 합니다. 실제로 우리는 성공에 앞서 실패하고도 포기하지 않는 법을 배워야 합니다.

이것은 제가 선화상인으로부터 배웠던 두 번째 교훈입니다. 그는 중국 철학자 맹자를 인용했습니다.

"중요한 임무를 맡기 전에 먼저 추위, 배고픔, 완전한 실패를 견뎌야 한다."

위대한 사람은 실패를 다루는 법을 알고 난 후에야 비로소 위대해질 수 있습니다. 일이 너무 쉽게 풀리면, 성공을 그리 오래 유지하지 못할 것입니다.

저는 학생들에게 할 수 없는 것을 하게끔 요구하는 시험을 통해서 실패를 다루는 법을 가르칩니다. 실제로 실패는 기질을 키웁니다. 그런데 학계의 중요한 문제 중 하나는, 학생들은 실패하는 법이 아닌, 성공하는 법만 배운다는 것입니다.

수행하는 과정에서 여러분은 언제 그만두는지 보기 위해 고안된 많은 시험에 직면할 것입니다.

포기하면, 선지식은 더 이상 여러분에게 투자하지 않습니다. 그렇습니다! 선지식은 가능성을 보았기 때문에 여러분을 선택하고 투자했지만, 신뢰할 수 없고 우유부단하면 투자를 철회할 것입니다.

선이 세속적인 일보다 훨씬 더 어렵기는 하지만, 인내심이 필요한 세속적인 일도 많이 존재합니다.

제가 아는 이론적 기능분석학 전공 교수는 캘리포니아 버클리 대학교의 한 수석 교수 밑에서 수학 박사 학위를 받았습니다. 그는 자기 분야에서 학생들의 지능이나 발상은 중요한 입학 기준이 아니라고 말했습니다. 그보다 더 중요한 것은 프로그램에 전념하고 포기하지 않음을 보이는 학생의 자질입니다.

정말로 완벽하게 선의 기술을 배우고 싶다면, 반드시 자신을 헌신해야 합니다.

올바른 지침을 받고, 또 포기하지 않는다면, 결국은 성공할 것입니다. 아무리 어려워도 끈기를 가지고 계속하면 성공할 수 있습니다.

물론 우리 절에도 포기자들이 있습니다.

저는 개인적으로 학생이 포기할 때 매우 아쉽지만, 우리는 이 방법이 모두에게 적합한 것은 아니라는 걸 인정해야 합니다. 각자 저마다의 시기도 다릅니다. 또 누구에게도 특정한 길을 강요해서는 안 됩니다. 어떤 때는 포기가 그 사람에게 더 맞는 길일 수도 있습니다. 그것도 괜찮습니다.

그렇지만 선지식이 여러분에게 투자하기로 결심했다면, 선지식의 은혜에 보답하기 위해 적어도 최선을 다해야 합니다.

삼매에 들고 싶으면, 용맹한 태도로 정진해야 합니다. 용맹하면 아무것도 두렵지 않습니다. 그리고 물러서지 않을 것입니다. 정진한다는 말은 게으르지 않다는 뜻입니다. 따라서 포기하지 않을 것입니다.

선에 이런 말이 있습니다.

"오래 앉아야 선이 생긴다.(Long sits produce Chan)"

선 수행에 전념하기로 마음먹었다면, 힘들 때 포기하지 말고, 더 오래 앉으세요. 삼매의 힘은 자연스럽게 커질 것입니다.

왜 시험에 직면해서 인내하고 포기하지 말아야 하는 걸까요?

생각해보세요! 누가 포기를 결정합니까? 여러분의 아상我相입니다. 아상은 위협을 느끼고, 자신을 보호하려고 물러나는 쪽을 택합니다. 아상이 자신을 드러내는 때입니다. 아상은 여러분이 포기해야만 하는 이유에 대한 설득력 있는 주장을 제시합니다.

자신의 지혜로운 스승을 떠난 학생들은 그 탓을 다른 사람에게 돌리는 경향이 있습니다. 그들은 유창하게 다음과 같이 둘러댑니다.

- 스승은 화를 내기 때문에 좋지 않습니다.
- 스승은 나에게 불공평하게 대합니다.
- 스승은 나를 좋아하지 않습니다.
- 스승은 나에게 나쁘게 대합니다.
- 스승은 나에게 신경쓰지 않습니다.
- 스승은 나를 이해하지 못합니다.
- 이렇게 고생할 가치가 없습니다.

여러분 또한 포기하고 싶을 때 틀림없이 이와 같은 설득력 있는 변명을 생각해 낼 것입니다.

포기하는 사람들은 아마 마음 깊은 곳에서 첫 번째 장애에서 겪게 되는 실패를 두려워할 것입니다!

그렇지만 실패하는 법을 알기 전까지 누구도 성공하는 법을 배울 수 없습니다. 토머스 에디슨은 다음과 같이 설득력 있게 말했습니다.

"천재는 99퍼센트의 노력과 1퍼센트의 영감이다."

실패를 두려워하지 마세요. 오직 포기만 두려워하면 됩니다.

23/ 분별하지 않기

여러분이 정말로 선 수행을 통해 성장하고 싶다면, 분별이나 판단을 줄이는 법을 배워야 합니다.

우리가 인식하는 세계는 이원론적입니다. 그것은 정반대의 쌍으로 규정되기 때문에 우리는 자연스럽게 분별하는 것을 멈추지 못합니다. 가령 우리는,

- 이득은 추구하고 손해는 싫어합니다.
- 볼품없는 것보다 매력적인 사람이나 물건을 좋아합니다.
- 칭찬 받는 것을 좋아하고 비난당하면 기분이 상합니다.
- 쾌락적인 것은 쫓고 불쾌한 것은 피합니다.

분별하는 마음이 곧 모든 슬픔을 유발한다는 것을 우리는 잘 깨닫지 못합니다. 분별심은 자아의 표현일 뿐입니다!

개 짖는 소리를 예로 들어봅시다. 그것은 그저 개가 짖을 뿐입니다. 하지만 많은 사람들은 그 소리를 거슬려하는 경향이 있습니다. 그러고는 개가 너무 시끄럽게 짖어서 혹은 개가 위협해서

라고 자신을 정당화합니다. 그러나 만일 그러한 분별이 없다면, 전혀 번뇌롭지 않을 것입니다. 그렇지 않습니까?

분별을 줄이면 덜 괴로울 것입니다. 그리고 더 쉽게 삼매에 들어갈 것입니다! 불교의 옛 조사스님은 이렇게 표현했습니다.

"지극한 도는 어렵지 않나니 오직 간택함을 꺼릴 뿐이다.(至道 無難 唯嫌揀擇, 신심명)"

24/ 화살처럼 곧게

선은 실제로 삶의 방식입니다. 선을 믿는 사람들은 올바른 태도를 보이며 화살처럼 곧을 것입니다.

우리는 여러분의 참된 마음을 직접 가리킴으로써 선을 가르칩니다. 곧은 마음[直心]의 함양은 선을 이해하는 가장 **빠른** 길입니다. 곧은 마음을 가진 사람들은 어떻게 행동할까요?

• 정직하게 행동합니다.
• 아첨하지 않습니다.
• 거만하지 않습니다.
• 아주 사소하거나 크게 해롭지 않더라도 거짓말하지 않습니다.

돌려서 말하지 않습니다.

잘못을 감추지 않습니다. 오히려 잘못을 밝히고 관용과 용서를 구합니다.

이것은 제가 제자들을 훈련하는 방식입니다. 만일 우리의 솔

직한 태도가 여러분을 불편하게 만든다면, 용서해주길 바랍니다. 하지만 우리는 정직함이 신뢰를 쌓는다는 것을 믿습니다. 사람들의 신뢰를 얻기 위해 우리가 치러야 할 대가가 있습니다. 늘 모두를 만족시킬 수는 없습니다!

초창기 불교 선사들의 삶과 가르침을 전하는 『전등록傳燈錄』에서 위앙종(저의 스승 선화상인은 위앙종의 조사입니다)의 종조宗朝 위산潙山 선사는 다음과 같이 말했습니다.

"도道를 닦는 수행자의 마음은 곧고 거짓되지 않으며, 모순과 가식이 없고, 기만하거나 부정하지 않습니다. 일체를 행할 때 보고 들음에 항상함을 구해야 합니다. 사람들이 옳지 못하고 불공평하더라도 영향받지 않아야 합니다. 오직 상에 집착하지 않음으로써 도를 얻을 수 있습니다.(夫道人之心, 質直無僞, 無背無面, 無詐妄心, 行一切時中, 視聽尋常, 更常委曲, 亦不閉眼塞耳, 但情不附物卽得.)"

진심으로 선 수행을 완성하고 싶은 사람들은 조사들의 말에 귀를 기울여야 합니다.

중국에는 다음과 같은 말이 있습니다.

"곧은 마음이 곧 도량道場이다."

이것은 유명한 『유마경』「보살품」에서 인용한 것입니다. 그 당시 광엄동자光嚴童子는 재가자 유마거사를 만났습니다. 광엄동자는 보살이며, 유마거사는 부처님의 화신化身입니다.

그들은 서로 공손하게 인사를 나눈 다음, 어린 보살이 유마거사에게 '어디에서 왔냐'고 물었습니다. 유마거사는 '도량'에서 왔다고 대답했습니다. 그러자 광엄은 "도량이 무엇입니까?"라고 물었습니다. 유마거사는 이렇게 대답했습니다.

"곧은 마음〔直心〕은 거짓이 없기 때문에 도량입니다. 행을 일으킴은 능히 사물을 판별하기 때문에 도량입니다. 마음 깊이 도를 구하는 것은 공덕을 증가시키기 때문에 도량입니다. 깨달음을 구하는 마음〔菩提心〕은 잘못됨이 없기 때문에 도량입니다. 보시는 보답을 바라지 않기 때문에 도량입니다. 계를 지키는 것은 우리의 모든 서원을 성취하기 때문에 도량입니다. 인욕은 모든 중생에 대하여 장애하는 마음이 없기 때문에 도량입니다. 정진은 나태하여 물러서는 일이 없기 때문에 도량입니다. 선정은 마음을 항복시켜 따르게 하기 때문에 도량입니다. 지혜는 모든 것(일체법)을 드러내기 때문에 도량입니다. … 중생은 무아를 알기 때문에 도량입니다. 일체법은 제법이 공함을 알게 하기 때문에 도량입니다. … 한 생각으로 일체법을 아는 것은 일체지를 성취하기 때문에 도량입니다.(直心是道場, 無虛假故; 發行是道場, 能辦事故; 深心是道場, 增益功德故; 菩提心是道場, 無錯謬故; 布施是道場, 不望報故; 持戒是道場, 得願具故; 忍辱是道場, 於諸衆生心無礙故; 精進是道場, 不懈退故; 禪定是

道場, 心調柔故; 智慧是道場, 現見諸法故 … 衆生是道場, 知無我故; 一

切法是道場, 知諸法空故 … 一念知一切法是道場, 成就一切智故)"

정말로 선에 출중하고 싶은 사람들은 곧음을 수행해야 합
니다.

이로써 성공적인 선 수행을 위해 필요한 자질들에 관한 논의
를 마치겠습니다. 다음의 제5부에서는 수행의 여정을 돕는 몇
가지 부가적인 방법과 주제들을 살펴볼 것입니다.

제5부

부가적인 방법과 주제

25/ 마음챙김과 일심一心

1990년대 초반, 명상에 관한 연구를 시작했을 때 이미 '마음챙김(mindfulness)'에 관한 많은 책이 있었습니다. 그리고 오늘날에도 신간들이 계속 나오고 있습니다.

이 마음챙김이라는 용어는 불교뿐만 아니라 현대 심리학과 대중적으로 쓰여서 매우 다양한 의미를 지닙니다.

마음챙김이 대중적으로 사용될 때는 주로 현재의 순간에 마음을 머물게 하는 과정을 가리킵니다. 가령, 마당을 청소한다고 할때, 오직 청소하는 동작에만 주의를 집중해야 하며, 그 밖에 다른 것은 생각하지 않습니다. 다시 말해, 마음챙김에 관한 이러한 접근은 당면한 과제에 주의집중 하기를 강조합니다.

심리학에서 마음챙김은 경험과 생각을 판단하지 않고 관찰하는 것을 강조합니다.

상좌부불교 전통의 지도자들에 의해 대중화된 명상법에서 마음챙김이란 용어는 특히 호흡에 집중하는 명상과 거의 동의어로 사용됩니다. 마음챙김에 관한 다양한 접근은 불교 수행법으로써 그리고 심리학과 스트레스 완화 분야에서의 치료 도구로써 여러

이점이 있습니다. 그런데 대부분의 일반적인 형태의 마음챙김 명상에는 한계와 단점이 있습니다. 여기서는 마음챙김 가르침의 전체 영역을 다루지는 않고, 몇 가지 사항만 언급하고자 합니다.

　우선, 많은 마음챙김 명상은 실제로 감각적 경험에 대한 집착을 없애는 대신 오히려 더욱 집착을 강화합니다. 삶에 대한 즐거움과 감사함을 강조하는 것이 마음챙김의 진짜 모습입니다. 예를 들어, 어떤 저자들은 석양을 한층 더 즐기기 위해 마음챙김하는 법을 말합니다. 또 다른 사람들은 미소와 호흡을 독려합니다. 또한 보편적으로 보급되진 않았지만, 감각적 경험을 고양하기 위해 차크라나 에너지 센터의 활용을 촉진하는 사람들이 있습니다. 차크라의 활용은 많은 치료 요법에서 행해지는 일반적인 관행이며, 실제로 즐거움을 강화하기 위해서도 사용됩니다. 그러한 기능들을 인지하는 것은 타당하지만, 명상의 가장 중요한 이점이 아니라는 것 역시 중요합니다. 만일 진정으로 대승불교를 닦는다면, 그 이상의 경이롭고 불가사의한 많은 혜택을 누릴 것입니다. 따라서 감각적 경험의 즐거움에 매이지 않도록 주의해야 합니다. 단순히 감각적 경험의 즐거움에 마음챙김하면 막다른 골목에 이를 것입니다. 미리 경고합니다!

　순수 선 수행자들에게 감각적 즐거움에 대한 집착을 강화하는 마음챙김의 기법들은 수행자를 얽매이게 하기 때문에 불교 개념으로 포장한 세속적인 방법으로 간주됩니다. 그 이유는 여러분을 자유롭지 않게 하기 때문입니다. 비록 그러한 경험들이 즐겁더라도, 계속해서 속세에 묶어 두기 때문에 이를 불교 용어로 번뇌라고 합니다.

사람들은, 현재 순간에 집중하고 생각을 줄이기 위해 하는 마음챙김은 감각적 즐거움을 키우는 것이 아니라고 생각할 수 있습니다. 마음챙김의 가장 유용한 기능이 망상의 제거라는 것은 분명한 사실입니다. 그럼에도 마음챙김은 대승불교 명상에서 말하는 이른바 일심(一心, single-mindedness)이라는 목표에는 여전히 미치지 못합니다.

일심은 계속해서 한 가지 생각에 마음을 집중하는 역량입니다. 마음챙김으로 명상에 입문하기는 좋지만, 마음챙김 자체는 이런 유형의 일심을 계발하지 않습니다. 그 대신, 일심에 이르는 데 도움을 주는 통로의 역할만을 담당합니다.

일심에 도달하려면 끝내 모든 망상이 멈출 때까지 오로지 한 생각에만 집중할 수 있어야 합니다. 그래서 이것은 매우 도달하기 어려운 경지입니다. 그러나 일단 일심에 도달하면, 번뇌를 제거하고 지혜를 열 수 있는 강력한 도구를 갖게 될 것입니다. 나아가, 일심에 도달한 사람들은 자연스럽게 다른 사람들 역시 거기에 도달하도록 돕고 싶어 할 것입니다.

소승불교 또는 상좌부불교의 마음챙김 기법은 심리학에서 전형적으로 사용되는 방법보다 더 깊은 수준의 집중으로 들어갈 수 있습니다. 하지만, 만약 지도자들이 일심에 도달하는 최종 목표를 강조하지 않는다면, 상좌부불교의 방법은 아직 부족합니다. 호흡 세기를 강조하고 '마음챙김'이란 용어를 빈번하게 사용하면 그것이 상좌부불교의 명상이라는 것을 인지할 수 있습니다. 상좌부불교 수행자들에게 바이블에 해당하는 명상기법에 대한 경이 있는데, 이 경에는 호흡 명상법이 아주 상세하게 묘사되어 있습니다.

상좌부불교의 수행자는 자신의 해탈을 위해 수행하지만, 대승불교의 수행자는 중생의 구제를 목표로 합니다. 그런 이유로 작은 수레란 뜻의 소승이란 용어를 사용합니다. 반면에 대승은 큰 수레를 의미합니다. 대승에서는 우리 자신의 깨달음뿐만 아니라 다른 사람들도 고통의 바다를 건너 깨달음의 언덕에 도달하게 해줍니다. 이런 이유로 대승의 방법은 상좌부에서 가르치는 마음챙김 호흡 명상보다 당연히 더 폭넓고 강력합니다.

저는 수식관 수행이 집중력 향상에 유용하다는 것을 직접 경험했습니다. 첫 번째 통증의 고비에 부딪히기 전까지는 그러했습니다. 그런데 다리에 통증이 오자 통증 이외에는 아무것도 중요하지 않았습니다. 불현듯, 호흡을 세는 것보다 통증이 집중력을 키우는 데 더 유용하다는 것을 알았습니다. 분명 다리의 통증을 극복하기 위해 손쉽게 수식관을 사용하는 상급 학생들이 꽤 많이 있을 겁니다. 하지만 저는 수식관으로 통증을 극복할 수 없었습니다.

이러한 사실을 알게 됨으로써 저는 선화상인이 가르치신 대승의 명상을 시도하였습니다. 그것은 행운이었습니다. 수식관을 통해 다리 통증을 다룰 수 없었던 차에, 수식관보다 더 강력하다고 느껴지는 선과 같은 여러 방법들을 알게 되었습니다.

사실, 대승불교의 선사禪師들은 마음챙김에 대해 거의 말하지 않습니다. 앞서 말했듯이, 대승의 명상은 일심을 강조합니다.

일심의 실효성에 관한 일화를 하나 소개합니다. 이 이야기는 저의 베트남 스승님인 만각(Mãn Giác) 스님이 들려준 것입니다.

한때 아주 유명한 선사가 있었습니다. 그의 명성 탓에 많은 학생들이 가르침을 청하려고 가까운 곳에서 혹은 먼 곳에서 찾아오곤 했습니다.

이 선사는 매우 특이한 방법으로 학생들을 가르쳤습니다. 누군가 질문하러 그에게 오면, 아무 말 없이 그냥 집게손가락으로 허공을 가리켰습니다. 당연히 질문자 대부분은 어리둥절했습니다.

여러분은 그가 뜻하는 바가 무엇인지 알겠습니까? 질문에 대한 답은 일심이 되는 데 있다는 것을 의미했습니다. 『불유교경佛遺教經』이라는 불교 경전에는 다음과 같은 매우 유명한 문구가 있습니다.

"마음을 한 곳에 두면 이루지 못할 게 없다."

일심에 이르면 할 수 없는 것은 없습니다.

다시 선사의 얘기로 돌아가 봅시다. 그에게는 똑똑한 체하는 제자가 있었습니다. 제자는 한동안 선사를 지켜보다가, 스승을 따라 하기 시작했습니다. 그 역시 아무 말 없이 집게손가락으로 허공을 가리켜 다른 사람들에게 응대하곤 했습니다.

당연히 사람들은 선사에게 그 제자의 행동에 대한 불만을 토로하기 시작했습니다. 다른 수행센터에서처럼 학생들은 서로에 대해 불평하는 경향이 있습니다. 우리는 다른 사람들의 잘못을 보지 말라고 가르치지만, 학생들은 여전히 그렇게 하지 않습니다. 사람들은 자신들의 부정적인 성향이 수행에 좋지 않다는 것을 잘 알지 못합니다.

그런데 선사의 행동과 그 제자의 행동 간에는 큰 차이점이 있습니다. 비록 두 사람 다 집게손가락으로 허공을 가리키지만, 그 의미에는 엄청난 차이가 있습니다. 선사가 집게손가락으로 허공을 가리켰을 때 그것은 삼매에서 행해졌습니다. 이 행동은 선정력이 있는 이들에게는 메시지를 이해하게 도왔지만, 선사의 제자에게는 선정력이 전혀 없었으므로 손가락을 가리키는 그의 행동은 무의미했습니다.

어느 날 선사는 제자를 불러 그에게 무언가 물었습니다. 제자는 스승에게 잘 보일 기회라고 여기고는 아무 말 없이 집게손가락으로 허공을 가리켰습니다. 그 즉시 선사는 제자의 손가락을 거머쥐고 칼로 베어버렸습니다. 제자는 고통에 울부짖으며 공포에 질려 달아났습니다.

이 제자는 정말로 복이 있었던 사람임이 분명합니다. 왜냐하면 그 후로도 계속 선사와 함께 공부할 수 있었기 때문입니다.

요즘 사람들 같으면 경찰과 변호사를 불렀을 것입니다! 대부분의 사람들은 그러한 대응이 너무 극단적이라고 여길 것입니다. 단언컨대, 진정한 선지식들은 제자들을 그렇게 과격하게 다루지 않을 것입니다. 그러나 이 특별한 선사는 제자가 값비싼 대가를 치르고서라도 깨달을 용의가 있음을 알고 있었습니다. 이 일화의 나머지 부분에서 선사의 뛰어난 지혜가 드러납니다.

제자의 상처가 낫자, 선사는 다시 그를 불러 무언가 물었습니다. 습관적으로 그의 집게손가락이 허공을 가리키려고 했습니다. 그러자 이내 집게손가락이 없음을 알아챘습니다. 그 즉시 그는 공을 터득하고 깨닫게 되었습니다. 이제 알겠습니까? 선사들은 우리에게 일심에 대해 가르치고 깨달음을 얻게 하려고 많은 방편을 사용합니다.

26/ 멈춤〔止〕과 통찰〔觀〕

명상은 산스크리트어로 사마타(samatha, 止)와 위빠사나(vipassana, 觀)라고 알려진 두 가지 측면으로 구성됩니다. 이 용어들은 가끔 잘못 이해되지만, 실은 동전의 양면과 같습니다.

명상할 때 명상 주제에 집중함에 따라, 생각들은 자연스럽게 고요해집니다. 가령, 좌선하고 단전에 집중하기 시작하면, 무성한 생각들은 자연스럽게 흩어지기 시작하면서 단전에 더욱 집중할 수 있습니다. 이것은 모든 생각이 멈추는 사마타 명상입니다.

사마타는 연못 표면의 물결을 멈추게 하는 것에 비유됩니다. 일단 물결이 잠잠해지면, 더 또렷이 연못 바닥을 볼 수 있습니다. 그와 마찬가지로, 우리 마음의 물결과도 같은 생각들이 사라지고 고요해지면 자연스럽게 자기의 본성을 들여다 볼 수 있습니다. 이것은 위빠사나입니다. 위빠사나는 꿰뚫거나 이해할 수 있도록 하는 관의 단계입니다.

진언 명상을 예로 들어봅시다. 처음에, 우리의 마음은 암송을 방해하는 망상들로 가득합니다. 암송을 계속함에 따라, 마음은 차츰 더 진언에 집중하게 됩니다. 이 점진적 집중을 사마타라고 부릅니다. 일단 다른 모든 생각을 배제하고 진언에만 마음을 집중할 수 있으면, 이것은 위빠사나라고 부릅니다. 이때 진언에 대해 통찰할 수 있습니다. 위빠사나 또는 통찰은 명상 주제에 일심으로 집중할 때 발생합니다.

사마타와 위빠사나 모두 전적으로 생각의 멈춤에 의거하기 때문에 이 둘을 혼동할 수 있습니다. 사마타가 명상 주제에 집중할 때 발생하는 점진적 생각의 감소라면, 위빠사나는 생각을 멈추고 명상 주제를 깊이 관찰할 때 발생하는 통찰입니다.

* * * *

사마타를 잘 보여주는 한 질의응답에 대해 살펴보도록 하겠습니다. 캘리포니아의 한 사찰에서 진행된 법회에 많은 사람들이 찾아와 우리에게 선 수행에 관해 질문했습니다.

학생1: 선사님, 명상할 때 머리가 망상으로 가득 차서 집중할 수가 없어요. 어떻게 해야 하나요?

선 사: 오늘 법회에는 숙련된 명상 수행자들이 많네요. 누가 조언해 주시겠어요?

학생2: 저도 명상을 시작할 때마다 비슷한 경험을 했어요. 망상이 생길 때를 기다리고, 그것을 알아차리라고 배웠습니다. 그렇게 하니까 시간이 지나면서 망상이 줄어들었어요.

선사: 이제 그렇게 하지 마세요. 계속 그렇게 하면, 나중에 더 높은 단계의 삼매에 이를 때 문제가 생길 거예요. 그 이유를 아는 분 있나요?

〈아무도 알지 못했다.〉

선사: 한번 생각해 봅시다. 망상을 알아차릴 때 여러분은 무슨 생각을 하나요? 아마 이렇게 말할 거예요. "아! 이것이 망상이구나!" 여러분은 그것이 무엇을 수반한다고 생각하나요?

〈청중으로부터 답변이 없었다.〉

선사: 생각이 일어나지 않나요? 생각이 일어나도 괜찮다고 자신에게 말하고 있지는 않나요? 명상의 목표는 생각을 멈추는 것이고, 일부러 새로운 생각을 일으키지 않는 것이지요. 그런데 왜 거기에 앉아서 망상을 알아차리길 기다리나요?

여러분은 노력을 잘못된 방향에 쏟고 있어요! 이제, 그만두세요. 오늘 우리가 가르치는 방식대로 하는 것이 여러분에게 훨씬 더 좋을 거예요. 배꼽이나 단전으로 염불하세요. 이것이 망상을 가라앉히는 데 훨씬 더 효과적임을 알게 될 겁니다.

그럼, 질문이 있습니다. 거기에 앉아 망상을 잡으려고 하는 방법은 망상을 조장하는 경향이 있어서 잘못된 것이에요. 그렇지만, 이 분은 차선의 명상 방법을 사용했음에도 불구하고 생각을 성공적으로 잠재웠습니다. 그것이 왜 효과적이었는지 아시는 분 있나요?

〈아무도 설명하지 못했다.〉

선사: 거기에 앉아서 망상이 망상을 낳을 기회를 기다리지만, 명상의 과정 때문에 결국 망상은 줄어듭니다. 여러분이 거기에 앉아 명상에 전념한다면, 망상은 자연스럽게 잦아들 거예요.

이것이 선에서 사마타라고 부르는 것입니다.

첫 번째 분의 질문에 답하려고 먼 길을 돌아온 점 양해 바랍니다. 질문에 대한 제 마지막 답변은 이것이에요. 인내하세요. 그리고 계속 앉으세요. 생각은 시간이 지남에 따라 사라질 것입니다.

* * * *

만일 충분히 오래 일심으로 집중한다면, 생각은 확연히 줄어들며 마법이 일어날 것입니다. 즉, 홀연히 돌파하고 '이해하게' 됩니다. 어떤 식으로든 사실을 현시할 수 있게 해주는 새로운 연결이 있습니다. 그런 이유로 명상은 '우리의 지혜가 열린다'고 말합니다.

짚고 넘어가야 할 중요한 점은 지혜는 지적 논리나 정신적 추론으로 얻어지는 것이 아니라는 겁니다. 이런 종류의 비약적 발전이 일어나면, 두뇌 회로에 실제로 새로운 연결망이 만들어지고, 전에는 접해본 적 없었던 새로운 차원의 앎과 통찰을 홀연히 '경험'할 수 있습니다.

사마타와 위빠사나 간에는 일반적으로 전환이 있습니다. 가령, 일심으로 명상 주제에 집중하는 통찰을 하고 나면 순간적으로 일심이 느슨해질 수 있습니다. 망상이 일어날 것입니다. 그럴 때는 계속해서 명상을 유지하고 다시 일심을 회복하기 위해 사마타로 전환합니다.

요컨대, 사마타가 혼란스러운 마음을 멈추는 것이라면, 위빠사나는 자연스럽게 새로운 앎을 얻을 때까지 일심으로 집중하며 명상 주제를 통찰하는 것입니다.

더 많이 이해할수록, 우리는 인과因果의 연결을 압니다. 무엇이든 우리가 지각하는 것은 이전의 어떤 원인의 결과 또는 영향 때문입니다.

예를 들어, 깊은 수준의 집중을 이룬 일부 명상가들은 이번 생의 사건과 전생의 원인 사이에 연결고리를 볼 수 있을 것입니다.

이런 유형의 능력은 자연스럽게 생기므로 그것을 좇아서는 안 됩니다. 목표 지향적인 외도들은 전형적으로 이러한 능력을 키우기 위해 명상을 합니다. 하지만 불자는 절대로 그런 목표를 추구하지 않습니다. 우리의 목표는 오직 진정한 앎 또는 지혜를 열기 위한 것입니다. '특별한' 영적 능력에 대한 갈망은 높은 지혜의 자연스러운 계발을 방해할 뿐입니다.

27/ 회광반조廻光返照

이번 장에서는 불교적 성찰 방법을 살펴보고자 합니다.

평소 우리는 외부를 바라보고 모양, 소리, 냄새, 맛, 감촉처럼 외적 대상을 쫓습니다. 그것이 우리의 생명력을 고갈시킵니다.

반대로, 명상은 그 과정을 역행합니다. 여러분은 단전에 집중하는 법을 배웁니다. 다시 말해, 밖을 보는 대신 안으로 돌아갑니다. 이것이 바로 "빛을 되돌리기"라고 부르는 것입니다. 해석하고 분석하려는 시도로, 외적인 것을 밝히기 위해 지혜의 빛을 사용하지 말고, 그것을 안으로 돌려서 우리 자신을 살펴봐야 합니다(廻光返照).

외적인 것을 쫓으면 상相 때문에 혼란스럽지 않을 수 없습니다. 상相은 밖의 표식 또는 모양이나 소리 같은 외형입니다. 기본적으로 감지될 수 있는 모든 것은 상입니다. 선 수행의 한 가지 목표는 상을 붙잡지 않고 상에 매달리지 않는 것입니다. 빛을 되돌려 안으로 돌아가면, 상에 대한 집착을 더 쉽게 내려놓고, 훨씬 더 분명하게 이해할 수 있는 때가 올 것입니다. 삼매의 수준이 높을수록 외형에 의해 혼란스러울 가능성은 더 작아집니다.

그래서 아주 높은 수준의 이해를 성취한 사람들은 빛을 되돌려 자신을 돌이켜보길 선호합니다. 빛을 되돌린 상태에서 결국 우리는 모든 걸 이해할 수 있습니다. 불보살님들은 이런 방법으로 출세간의 지혜를 펼치고 모든 번뇌와 괴로움을 끊고 락(bliss)을 얻었습니다.

이것은 아주 뛰어난 마음의 경지입니다.

이런 종류의 마음가짐을 우리도 갖고 싶다면, 누군가 우리를 화나게 할 때 보복할 방도를 찾으려고 상대를 노려보는 대신, 자기 내면의 화를 들여다봐야 합니다. 우리의 번뇌를 남의 탓으로 돌리는 대신, 애초에 왜 번뇌가 일어났는지 살펴봐야 합니다.

다시, 계속 짖어대는 개의 예를 들어봅시다. 개에게 화를 내는 대신, 자기를 살펴보고 왜 개 짖는 소리에 화가 나도록 자신을 내버려 두었는지 이해하도록 노력해야 합니다. 동물로 인해 우리의 차분함을 잃게 허락한 어리석음에서 깨어나야 화를 떨쳐버릴 수 있을 것입니다. 이것이 자기 제어입니다. 불교는 이것을 가리켜 '자재自在'라고 부릅니다. 자재가 곧 지혜입니다.

화를 개의 탓으로 돌리면, 짖는 것을 멈추게 하거나 개를 피하는 방법을 찾음으로써 문제를 '제거할' 수 있을지 모릅니다. 그러나 이런 방법은 번뇌를 다만 일시적으로 끝낼 뿐입니다. 분명히, 짖어대는 개는 또다시 분노의 불씨에 불을 당길 것입니다. 문제의 근본 원인을 다루지 않았기 때문에 번뇌가 다시 떠오르는 것은 시간문제일 따름입니다.

빛을 되돌리면 문제의 근본 원인을 발견할 수 있으므로 문제의 뿌리를 영원히 제거할 실질적인 기회가 주어집니다.

여러분은 이러한 삶의 방식을 이해할 수 있나요?

우리의 문제를 가지고 더 이상 남 탓을 하지 않습니다. 내면을 바라보고 어떻게 스스로 번뇌를 일으키는지 이해하려고 노력해야 합니다. 더 이상 우리의 잘못에 대해 변명하지 말고, 빛을 되돌려 잘못의 근본 원인을 이해해야 합니다. 일단 이해하고 나면 그것을 영구적으로 고칠 수 있는 기회가 있습니다.

우리는 자연스럽게 더 겸손해지고 더 친화적으로 됩니다. 또한, 빛을 되돌려 자신의 문제를 해결할 수 없는 사람들을 위해 자비와 연민의 마음도 계발할 수 있습니다.

때가 되면, 여러분이 알고 싶은 모든 것은 이미 여러분 안에 있음을 깨닫게 될 것입니다. 외부의 우주는 우리 내면세계의 투영일 뿐입니다.

그러니 밖을 쫓지 마세요!

28/ 선칠禪七

선칠禪七은 선종에서 행해지는 중요한 훈련법으로, 7일간 이어지는 명상을 가리킵니다.

선칠 동안, 우리는 오전 2시 30분에 일어나서 몸을 정결히 하고 서둘러 선방에 도착해서 경행으로 몸을 풉니다. 오전 3시, 선수행을 시작합니다. 한 시간 동안 좌선한 다음 일어나서 20분 정도 경행합니다. 기본적으로 이렇게 온종일 좌선과 경행을 반복합니다. 원하는 사람들은 오전 6시경 아침 식사를 할 수 있습니다. 11시부터 12시까지는 점심시간입니다. 식사 후, 신속하게 선방으로 가서 다시 명상을 시작합니다. 오후 5시에서 7시까지 2시간 동안 좌선합니다. 저녁 7시 20분부터 8시 20분까지 법문이 있는데, 그때 사람들은 질문을 하고, 경험을 나누며, 자신의 문제들을 해결할 수 있습니다.

이런 방식으로 매일 자정까지 선을 수행합니다.

처음 며칠 동안은 무척 힘듭니다. 이때 대부분의 사람들은 힘든 것을 참지 못하고 그만둡니다.

그래도 이 혹독한 훈련 방식은 훌륭합니다. 왜냐하면 빠르게 성장할 수 있기 때문입니다.

제 스승의 스승이신 허운 대선사는 선칠 동안에 깨달음을 얻으셨습니다. 선화상인은 불교경전번역협회(BTTS)에서 출간한 『허운 선사의 전기』에서 허운 선사의 경험담을 아름답게 묘사했습니다.

저는 종종 선칠을 '금강 수행법'이라고 부릅니다. 이는 파괴되지 않는 지혜의 몸을 만들어주기 때문입니다. 더 상세한 설명은 우리의 『금강반야바라밀경(Vajra Paramita Sutra)』 강설을 참고하세요.

우리 웹사이트에는 선칠에 참가한 사람들의 멋진 체험담이 많이 게재되어 있습니다.

여러분에게 선칠에 꼭 도전해보라고 강력히 권합니다. 선칠은 가벼운 마음을 가지고 임하는 사람들을 위한 것이 아니라, 능력을 최대한 발휘하여 과감하게 밀어붙일 사람들을 위한 것입니다.

안타깝게도 1시간 좌선을 기본으로 선칠을 수행하는 곳은 그렇게 많이 남아 있지 않습니다. 선칠은 선적 성취를 이룬 사람들이 전하는 또 다른 비밀스런 선 훈련 기법입니다.

29/ 이심인심以心印心

이번 장과 다음 장은 이 책의 범위를 넘어서는 일부 주제를 소개합니다. 그럼에도 이러한 주제를 여기에 포함한 이유는 수행이 계속 진전함에 따라 탐구하게 될 앞으로의 목표에 대해 넌지시 알려주고 싶기 때문입니다.

처음에는 이 책에 이 부분을 포함하는 것에 대해 망설였으나, 정법正法을 찾는 사람들을 돕기 위해 몇 마디 더 보태기로 마음먹었습니다.

이심인심(Mind-to-Mind Seal)은 조사들이 다음 세대에게 조사의 지위를 부여하기 위해 사용한 절차를 가리킵니다. 또한 스승이 누군가의 깨달음을 인가하기 위해서도 사용됩니다.

가령, 선화상인은 조사들의 정법 법맥에서 그의 전임자인 허운 대사를 만나기 위해 먼 거리를 여행했습니다. 허운 대사는 선화상인을 보자마자 말했습니다. "너도 그렇구나! 나도 그렇다!" 이것이 마음에서 마음으로 전해지는 이심인심以心印心의 방식입니다.

또 다른 깨달은 대사는 저명한 대사에게 인가를 구하지 않았습니다. 선임 대사는 이 젊은 대사를 보고 고개를 약간 끄덕였습니다. 그게 다였습니다. 왜일까요? 선임 대사는 젊은 대사가 인가를 생각조차 하지 않는다는 걸 알고 있었기에 정식으로 인가해 줄 수는 없었습니다. 젊은 대사의 높은 깨달음의 경지를 인정한다는 뜻으로 선임 대사는 단지 조심스럽게 고개를 약간 끄덕였습니다.

깨달은 사람들은 왜 이심인심을 사용할까요? 깨달음의 경지는 말로 표현할 수 없어 이 방법밖에 없기 때문입니다. 깨달은 사람들만이 서로를 알아볼 수 있습니다. 우리는 그럴 수 없습니다.

이심인심을 통한 인가는 두 가지 목적을 시사합니다.

첫 번째, 깨달은 사람들의 일원이 되었음을 증명하기 위한 것입니다.

두 번째, 부처가 되기까지 계속 수행하도록 독려하기 위한 것입니다.

인가의 절차는 수행이 어느 정도 진척됐는지 확인하는 방법이기 때문에 굉장히 유용합니다.

대승불교의 역사를 통해, 인가의 절차는 관련된 두 사람 사이에 신중하게 진행되었습니다. 제가 봤을 때, 오늘날 많은 스님들은 인가를 쇼나 행사로 이용하고, 지나치게 과장합니다. 이것은 잘못된 것입니다! 절 믿으세요! 여러분이 깨달음을 얻었을 때 다른 사람들이 알기를 결코 원하지 않을 것입니다. 마찬가지로,

깨달은 스승도 결코 제자의 깨달음을 많은 사람들에게 알리고
싶어 하지 않습니다.

제6부

결론—지평을 넘어서

30/ 다시 선이란?

선은 정신적인 힘을 기르는 가장 강력한 수단 중 하나
입니다. 따라서 점점 더 많은 프로 운동선수들이 우위
를 선점하기 위해 훈련 프로그램에 명상을 포함하고 있다는 사
실은 놀랍지도 않습니다. 선 명상 훈련을 적용할 때 선수들이 얼
마나 더 잘 해낼 수 있을지 상상해보세요!

저는 15세 소녀에게 선법을 가르친 뛰어난 선 수행자에 대해
알고 있는데, 그녀는 18세 이하 지역 가라테 대회에서 선법을 사
용해 신체적으로 우월한 모든 상대들을 손쉽게 물리쳤습니다.

이게 그리 믿기 어려운 이야기도 아닙니다.

젠 문헌에는 다음과 같은 일화가 있습니다. 뛰어난 실력을 가
진 한 스모선수가 있었습니다. 그 선수는 너무 뛰어나서 비공식
적으로는 자기의 스승을 가볍게 이길 수 있었습니다. 그런데, 그
보다 실력이 못한 스모선수들이 공식 무대에서 그를 쉽게 물리
쳤습니다. 아마 심한 무대 공포증이 있었던가 봅니다. 스모선수
는 유명한 젠 스승을 찾아가서 가르침을 청했습니다. 사찰이 바
닷가에 있었던 터라 스승은 그에게 앉아서 해안가에 밀려드는

파도를 마음속에 관하라고 말했습니다. 처음에 젊은 스모선수의 마음은 산만해서 파도에 집중할 수가 없었지만, 시간이 지남에 따라 집중하기 시작했습니다. 큰 파도가 해안가로 밀려드는 것을 볼 수 있었습니다. 곧 파도가 해안과 사찰까지도 휩쓸고 있는 모습을 볼 수 있었습니다. 마침내, 그는 마음속에서 거대한 파도를 보았습니다. 스승을 떠난 이후에 그는 천하무적이 되어 은퇴할 때까지 다시는 패배하지 않았습니다.

집중력의 경이로움은 이런 것입니다!

여러분은 이제 선 수행의 기초를 배웠습니다. 날마다 꾸준하게 수행하길 바랍니다. 그러면 삼매력은 계속 강화될 것이고, 스스로가 스트레스에 더 잘 대처할 수 있게 될 것입니다. 전반적인 건강도 향상되고 대부분의 우리 학생들처럼 더 행복해지고 더 만족스러워질 것입니다.

만일 더 높은 수행의 단계로 나아가고 싶다면, 개인별 지침과 지도를 해줄 수 있는 선지식을 찾는 것이 너무나도 중요하다고 강조합니다. 하지만 그 사이, 이 책에서 제시한 조언을 따른다면, 올바른 방향으로 가고 있다는 것을 아십시오.

나아가, 부지런히 복을 짓고 덕을 쌓음으로써 적극적으로 미래의 성장을 위한 초석을 다질 수 있습니다. 비록 깨달음의 초기 단계들을 성취하기는 대단히 어렵지만, 진심으로 노력하고 포기하지 않으면, 언젠가는 출세간의 지혜가 열릴 씨앗을 심을 것입니다.

아라한의 삼매인 구정九定에 도달할 수 있는 사람들은 자아의 환상을 꿰뚫어 보고 생사의 족쇄에서 벗어날 것입니다. 그때서야 진정 모든 것이 경이로워집니다. 현재 우리의 관점에서는, 아라한이 경험하는 락(bliss)과 자유의 수준을 가늠할 수조차 없습니다. 그러나 대승불교에 따르면, 비록 아라한이 뛰어난 지혜를 가지고 있더라도, 아직 깨달음의 초기 단계에도 이르지 못했습니다. 보살도를 따라 나아가 마침내 부처님의 완전한 깨달음에 이르기 위해 아라한은 깨달아야 할 더 많은 것이 남아 있습니다.

지혜로운 사람은 깨달음이 여러 생에 걸친 프로젝트임을 이해할 것입니다. 따라서 진정 지혜가 열리기를 바란다면, 선 수행을 뒷받침하도록 정토 법문을 활용하라고 강력히 추천합니다. 정토 법문은 미래 생에 계속 진전하는 확실한 방법을 알려주고, 임종 시 깨달음의 길에 큰 차질이 되는, 낮은 계로 떨어지는 매우 현실적인 위험으로부터 보호해줍니다.

선禪은 우리 모두 내면에 타고난 선善을 양성하는 삶의 방식입니다.

여러분 또한 출세간의 지혜가 속히 열리도록 지도해줄 선하고 지혜로운 스승을 만날 수 있기를 바랍니다. 지혜가 열리면 진정한 행복을 경험하고, 마찬가지로 다른 사람들도 진정한 행복을 경험하도록 도울 수 있습니다.

깨달은 사람들이 법계法界에서 가장 행복한 사람들 중의 하나라는 것을 아시는지요?

31/ 깨달음: 돈오 vs 점오

앞서 언급했듯이, 선은 견성見性하고 성불成佛하기 위한 수행법입니다. 이 뜻은 깨달음을 가리키므로 깨달음을 언급하지 않고서는 선을 가르칠 수 없습니다!

이 마지막 장의 목표는 단순히 개념을 소개하는 것입니다. 우리는 미래에 있을 궁극적 깨달음을 위해 여러분이 씨앗을 심도록 돕고자 합니다. 거기에 도달하기까지는 시간이 꽤 걸립니다. 하지만, 끝내 비옥한 마음의 들판에 싹이 트도록 씨앗을 먼저 심어야 합니다. 모든 조건이 맞으면 씨앗은 싹을 틔웁니다. 그러면 그것에 대해 생각할 필요도 없이 자연스럽게 이해할 것입니다.

깨달음은 홀연히 또는 점차 얻을 수 있습니다.

깨달음은 어떻게 정의할까요?

제가 여러분께 어떻게 설명해야 할지 모르겠습니다. 조사조차도 설명할 수 없었습니다. 부처님도 할 수 없었습니다.

왜 그럴까요? 깨달음은 말로 표현할 수 없기 때문입니다. 그렇기 때문에 선은 우리를 다음과 같은 경지로 이끄는 수행입니다.

언어의 길은 끊어지고(言語道斷)

마음 가는 곳이 사라진다.(心行處滅)

깨달음은 말로 표현할 수 없는 경지입니다. 여러분이 깨달음에 도달하면 알게 될 것입니다. 왜냐하면 그때서야 '날뛰는 마음'이 내달리기를 멈추기 때문입니다.

따라서 깨달았다고 주장하는 사람들은 깨닫지 못한 게 분명합니다. 만일 깨달았다고 아직도 '생각'한다면 아직 도달하지 못한 것입니다.

역설적으로, 깨달음에 도달하면 얻은 건 전혀 없음을 알게 될 것입니다. 깨달음이라고 부를 만한 것도 없고, 깨달은 사람도 없습니다.

13장에서 언급한 아라한은 생사윤회를 벗어나는 "작은 얻음"이 있지만 깨달음은 "큰 얻음"이라고 할 것이 없습니다. 깨달음에 대한 몇 가지 명칭으로 진공眞空, 진여眞如, 여래장如來藏 등이 있습니다.

그래서 깨달은 사람들은 자신이 깨달음을 얻었다고 말하지 않습니다.

그러면 그들은 무엇을 할까요?

여러분들이 깨달을 수 있도록 조용히 가르치고, 깨달음의 경이로움을 경험하기를 바라며, 깨달음에 더 가까이 다가가도록 점진적으로 여러분을 이끕니다. 이것을 가리켜 점오漸悟라고 부릅니다.

　왜 여기에 '점진적' 분별이 있을까요? 만일 깨달음이, 생각하는 마음이 멈추는 곳이라면, 어떻게 분별할 수 있겠습니까?

　그때도 분별은 여전히 일어납니다. 하지만, 여러분의 생각처럼 의식적인 마음은 기능하지 않습니다. 인식하기 위해 분별하는 마음에 기대는 대신, 지혜에 의지합니다.

　또한 깨달음에는 단계가 있습니다. 점오는 완벽한 깨달음이라고 여기는 부처님의 지혜에 점진적으로 가까워지는 과정을 가리킵니다.

　부처님의 깨달음의 경지인 아뇩다라삼먁삼보리(Anuttara-Samyak-Sambodhi)를 점차적으로 얻습니다. 산스크리트어 아뇩다라삼먁삼보리는 무상정등정각無上正等正覺 또는 간략히 경이로운 깨달음(묘각妙覺)이라고 번역합니다.

　그렇지만 여러분은 깨달음을 얻기 위해 무상정등정각을 성취할 필요는 없습니다. 그저 부처님의 경지보다 훨씬 낮은 깨달음의 초지를 깨닫기만 하면 됩니다. 실제로 깨달음은『능엄경』과 『화엄경』에서 설한 십지十地 중 초지初地에서 출발합니다. 십지는 보살 수행의 단계를 나타냅니다. 이 깨달음의 문턱 아래에(가령, 초지 아래에) 있는 단계를 혼돈(confusion)이라고 부릅니다.

　어떻게든 혼돈의 문턱을 넘으면, 이때의 전환을 가리켜 돈오頓悟라고 부릅니다. 그러면 전에는 이해할 수 없었던 것들을 홀연히 이해할 것입니다. 만일 이것이 혼란스럽게 들린다면, 걱정할 필요는 없습니다. 여러분이 깨달음에 도달하면 분명해질 것입니다.

선이 더 쉽게 돈오를 얻게 해주는 아주 강력한 방법이라는 것은 주목할 필요가 있습니다.

만일 선을 닦고 본성本性을 볼 수 있으면, 돈오로 간주합니다. 여기서 본성은 여러분의 불성佛性을 가리킵니다.

점오는 신수 선사의 게송처럼 성취할 수 있습니다.

몸은 보리수요(身是菩提樹)

마음은 밝은 거울과 같은 것(心如明鏡臺)

때때로 부지런히 닦아서(時時勤拂拭)

먼지가 끼지 않게 하라.(莫使有塵埃)

여기서 먼지는 우리 마음의 구름인 수많은 생각들을 가리킵니다. 점오의 과정은, 있는 그대로 사물을 직접 비춰줄 수 있는 밝은 거울처럼, 마음이 완벽히 깨끗해질 때까지 우리의 생각을 거듭해서 닦아내는 것입니다.

어떻게 모든 생각을 닦아낼 수 있을까요? 일심이면 됩니다. 즉, 산만하게 떠도는 모든 생각을 단 하나의 생각으로 바꾸는 법을 배웁니다. 이렇게 성공적으로 일심에 도달하면, 그 마지막 남은 생각(일심)마저 내려놓을 수 있게 해줄 다양한 법문이 있고, 여러분의 선지식이 올바른 방법을 가르쳐줄 것입니다.

일단 점오의 과정을 완성하면, 신수 선사에게 응답한 육조혜능六祖慧能의 시구를 통해 그 의미가 명확한 돈오를 경험할 것입니다.

보리는 본래 나무가 아니고(菩提本無樹)
밝은 거울도 또한 형체가 아니네.(明鏡亦非臺)
본래 한 물건도 없는데(本來無一物)
어디에 먼지가 묻으리오.(何處惹塵埃)

현실상 점오 대 돈오를 걱정하지 마십시오. 여러분 자신의 적절한 시기와 속도로 결국엔 거기에 도달할 것입니다. 저는 그저 다른 사람들의 옳지 않은 지식에 여러분이 현혹되지 않도록 하기 위해, 일반적인 지식을 여러분에게 알려주려고 노력할 뿐입니다.

32/ 진공眞空

　　돈오를 이룬 사람들은 참된 이치를 이해할 것입니다.

　　불자로서 우리는 정말로 우리 자신과 우주에 관한 진리를 알고 싶어 합니다. 하지만, 사실을 수집하고 분석하는 데 집중하는 경향이 있는 서양 과학과 같은 방식으로 우리는 진리에 대한 답을 구하지 않습니다.

　　여러분이 계속해서 수행의 길을 가다 보면, 사실을 축적하는 것과 정반대의 일을 할 것입니다. 즉, 축적된 정보에 매달리지 않는 것을 비롯해 집착을 없애는 방법을 배울 것입니다. 마음을 비울 수 있을 것입니다. 그리고 결국엔 '공空'을 이해하게 될 것입니다. 모든 것이 공임을 알게 되면, 더 이상 집착하지 않으며, 무슨 일이 있어도 마음은 동요되지 않을 것입니다.

　　그러면 사물을 꿰뚫어 보고 내려놓을 수 있을 것입니다. 이런 종류의 지혜는 헛된 지식이 아니라, 우리의 짐을 덜어주며, 더욱 평탄하고 평안하게 해주는 실질적인 깨달음입니다.

　　"그런데 공은 무엇인가?" 하고 궁금할 것입니다.

　　비록 우리의 생각하는 마음으로는 그것을 이해할 도리가 없지만, 그럼에도 불구하고 저는 이 개념을 파악할 수 있는 몇 가지 방법에 관한 힌트를 줄 것입니다.

가령 아무것도 홀로 존재하지 않는다는 것을 생각해 보세요. 모든 것은 다른 무언가에 의해 발생합니다. 모든 것은 앞서 원인이 있습니다. 이를 불교에서는 유위법有爲法이라고 합니다. 모든 것은 원인에 의해서 나타납니다. 원인 없이 나타나는 것은 아무것도 없습니다. 이것이 제법諸法이 공空한 것입니다.

제법이 공함을 설명하는 또 다른 방식은 무상無常하다는 것입니다. 오랜 시간이 지나면 모든 것은 먼지로 돌아갈 것입니다. 모든 유위법은 파괴됩니다.

궁극적으로 여러분은 진공眞空을 증득하며 묘유妙有 또한 이해하게 됩니다. 실제로, 진공은 묘유이고 묘유는 곧 진공입니다. 이것은 대승불교의 독특한 이해 방식으로, 상좌부불교의 수행자들은 진공과 묘유를 깨닫지 못하고 있습니다.

진공에는 완벽히 아무것도 없지만, 한편으로 묘유 속에 담지 못할 것은 아무것도 없습니다.

시간이 걸릴 테지만, 결국 여러분은 이러한 개념들의 의미가 명백해지는 현자의 땅을 밟게 될 것입니다.

그때 마침내 본향本鄕으로 돌아갈 것입니다. 본향에 이르면 저역시 본성을 보고 고향으로 돌아갈 수 있도록 잊지 말고 돌아와 가르침을 주길 바랍니다!

제 7 부

부록

Q&A 문답

Q&A는 선에 대한 잘못된 이해를 바로잡고 그 이치를 명확히 하는 데 도움을 줄 수 있는 질문과 관심사를 수록하고 있습니다.

한국어로 상담이나 질문을 원하시면, 네이버 카페 café.naver.com/mastersunim 의 "수행상담실 Q&A" 메뉴에 질문을 올릴 수 있습니다. 또는 이메일 chanpureland@gmail.com 로 질문을 보내셔도 됩니다.

유튜브 경전 법문, 라이브 강설 방송과 미국 대승불교에 관한 정보는 https://kr.chanpureland.org/ 를 참고하시면 됩니다.

만약 인터넷에 접속할 수 없다면, 일반우편으로 질문을 보내주세요.

● 보산사
충북 청주시 흥덕구 강내면 태성탑연로 377

● 보라선원
성남시 분당구 백현로101번길 20 그린프라자 2층

Q: 외도의 명상법은 어떻게 구분하나요?

A: 불교 명상과 비불교 명상의 차이점은 궁극적 목표에 있습니다. 기초적 수준인 외도의 명상은 자신을 도울 수 있는 영적 능력이나 특별한 기술처럼 일시적인 혜택을 목표로 합니다. 불교 명상은 출세간적 지혜를 열어 다른 사람들을 위해 사용하는 것을 목표로 합니다. 참된 출세간의 지혜는 마음의 작용을 참구함으로써 얻을 수 있습니다.

Q: 이치를 잘 아는 사람들이라도 그들의 깊고 강한 습관적 에너지 때문에 여전히 잘못을 범합니다. 깨달음을 얻은 사람들은 번뇌와 업장業障을 제거할 수 있나요?

A: 예, 그렇습니다.

그것이 깨달음을 통해 얻는 이점입니다. 여러분이 원한다면 모든 번뇌를 없앨 수 있고 모든 업장을 소멸할 수 있습니다.

Q: 어떤 사람들은 본심本心을 깨닫기 위해서 선을 수행할 때 마음의 주요 교리를 알아야 길을 잃지 않을 것이라고 믿습니다. 이는 소를 찾기 전에 소를 인지해야 하는 것과 같습니다. 이것은 좁은 의미의 유위법인 것 같습니다. 하지만, 마음은 원래 상이 없습니다. 지식에 집착하여 얻은 이해는 제한적입니다. 그러한 과정으로 무한한 것을 얻으려는 시도는 성공할

수 없습니다. 그것은 허공을 붙잡으려고 그물을 쳐놓는 것과 같아서 헛수고일 뿐만 아니라, 날마다 망상을 키우는 원인일 수 있습니다.

A: 예, 맞습니다.

그럼 어떻게 하면 이 문제를 피할 수 있을까요?

선을 배우려면 먼저 마음에 관해 알아야 합니다. 여러분의 유능한 선지식은 올바른 정수精髓를 줄 수 있습니다. 우리는 여러분이 수행을 시작할 수 있도록 충분한 이치들을 알려드렸습니다. 일단 더 많은 진전을 이루면, 그에 상응하는 이치를 더 배우게 될 것입니다.

지혜로운 스승의 도움은 꼭 필요합니다. 만일 여러분이 선지식 아래서 배울 복이 있다면, 그는 여러분의 수행 단계를 알아볼 수 있습니다. 대부분의 사람들은 그들이 어느 단계에 있는지 전혀 모릅니다. 지혜로운 스승은 여러분에게 명료한 지침을 줄 수 있고, 다음 삼매의 단계로 이끌기 위해 다양한 측면의 방해물들을 통과하도록 능숙하게 인도할 것입니다.

여러분이 너무 많이 아는 것에 대해 주의를 당부해야겠습니다. 그것은 지적인 선이 지닌 흔한 실수입니다. 사람들은 너무 많은 것을 알려고 애씁니다. 나 또한 학식 있는 사람들이 하는 똑같은 실수를 범했습니다. 모든 것을 다 읽었습니다.

당연히 과도한 지식의 이면은 어떤 이치가 자신의 단계에 해당하는지 확신할 수 없다는 것입니다.

Q: 아이들에게 어떻게 명상을 가르칠 수 있나요?

A: 여러분이 지금까지 본 것처럼, 아이들은 일심이나 마음챙김이라는 개념을 잘 이해하지 못합니다. 또한 수식관을 하는데도 어려움을 겪습니다. 아마도 이것이 상좌부의 방법을 가르치는 데 있어서 거의 성공하지 못한 이유일 것입니다.

저는 우리 모두가 '명상이 아이들에게 유익하다'는 것에 동의한다고 생각합니다만, 강요해서는 안 됩니다.

자연스럽게 명상에 뛰어난 아이들이 있지만, 소수에 불과합니다. 아이들이 좋아하는 것을 관상하거나 무언가를 암송하게 할 수 있고, 보상이 따르는 구체적인 목표를 정해서 명상을 재미있게 만들 수도 있습니다. 나아가, 결가부좌를 훈련시켜야 합니다. 아이들은 염송 방법에 좋은 반응을 보입니다. 아이들은 따라하며 배우는 것을 아주 잘하기 때문에 같이 앉으면서 가르쳐보세요. 아이들에게 좋은 모범이 되세요.

Q: 저는 허리에 문제가 있습니다. 그래도 명상해야 하나요?

A: 해보는 것도 나쁘지 않습니다. 그러나 무리하지는 마세요. 통증이 있을 때마다 앉는 시간을 2분씩 추가하지는 말고 그대로 유지하세요.

한 학생은 허리에 통증이 있었지만, 매주 정토 모임에 계속해서 용감하게 참석했습니다. 그것은 쉬운 게 아닙니다. 왜냐하면, 이 법회에서 우리가 지도하는 좌선은 보통 40분이 넘기 때문입니다(비록 1시간을 다 앉지는 않지만, 상당히 긴 시간입니다). 그녀는 법회 후 허리 통증에 대해서 말하곤 했습니다. 나는 그녀의 끈기를 높이 사서 통증을 다루는 개별적인 방법을 가르쳤습니다. 그녀는 이 방법을 시도했는데 효과가 있었습니다. 성공에는 대가가 따르는 법입니다.

한때 허리가 아파 몇 달 동안 침대에 누워 있었던 또 다른 학생이 있습니다. 그녀는 몇 년 동안 서양과 동양 의학을 다 시도해 보았습니다. 우리 사찰에 왔을 때 그녀는 움직이거나 정상적으로 기능할 수는 있었지만 끊임없이 통증을 겪었습니다. 몇 달 동안의 훈련 후 자세가 개선됐고 허리는 더 이상 아프지 않다고 말했습니다.

나의 일반적인 답변은, 유능한 선지식 아래서 명상을 하면 허리의 통증을 해결할 수 있다는 것입니다.

Q: 저는 흡연으로 폐가 손상되었습니다. 선이 도움이 될까요?
A: 먼저, 의사들과 상의해 보아야 합니다. 그들은 식이요법과 여러분에게 적합한 운동을 처방할 수 있습니다. 특히 실력있는 동양의 한의사나 침술사는 큰 도움이 될 것입니다.

명상 또한 도움이 됩니다. 하지만 초심자는 명상이 그렇게 효과가 있을 만큼 충분히 숙련되지 않았습니다.

여러분이 더 높은 단계로 성장함에 따라, 명상은 여러분의 폐를 고치는 데 도움이 될 수 있습니다.

Q: 저는 취침하기 바로 전에 명상하면 잠들기가 힘듭니다. 어떻게 해야 하나요?

A: 당신은 아마 중급 단계에 있을 거예요. 그런 상태는 일시적입니다. 염려하지 마세요. 오후 5~7시 사이처럼 좀 더 이른 시간으로 명상 시간을 바꾸거나 취침 전 최소한 1시간 가량 명상해 보세요.

  아침에 기상 직후 명상하는 것으로 바꿀 수도 있습니다. 필요하면, 한 시간 일찍 일어나서 잠을 1시간 줄일 수 있습니다. 처음엔 졸릴 수 있어요. 하지만 계속하면, 더 이상 졸리지 않고 하루 종일 활력이 있을 것입니다. 더 높은 단계에서, 명상은 수면보다 더 낫습니다.

Q: 명상을 해도 운동은 여전히 해야 하나요?

A: 예, 명상은 신체적 운동을 대신할 수 없습니다. 이들은 상호 보완적입니다. 신체적 운동이 몸을 훈련하는 데 비해 명상은 마음을 단련합니다. 따라서 규칙적으로 운동을 계속하세요.

  운동을 대체하는 것으로서 걷기 명상을 할 수 있습니다. 일주일에 최소한 세 번, 매회 30분 동안 걷습니다. 가능한 한 햇볕이 너무 뜨겁기 전, 오전 10시 이전에 걸어 보세요. 햇볕은 여러분에게 아주 좋은 양기를 공급합니다. 천천히 견고 금강검을 관하는 방법을 통해 머리를 맑게 유지하세요.

Q: 체중을 조절하는 데 명상이 도움이 될 수 있나요?

A: 예, 중상급 단계에서 식욕을 조절하기 시작할 겁니다. 선사들은 좀처럼 비만이 없다는 것을 알고 있나요?

Q: 저는 진언 명상을 가르쳐준 인도의 영적 스승을 만났습니다. 잠시 앉아서 진언을 암송하곤 했는데, 그 후 며칠 동안은 기분이 좋았습니다. 선사님은 왜 그런 것을 가르치지 않나요? 왜 우리는 통증을 참아야만 하나요?

A: 좋은 질문입니다. 여러분이 진언 암송을 좋아하고 또 그렇게 효과가 있다면, 왜 다른 것을 찾나요?

자신에게 귀 기울여보세요! 좋은 느낌에 집착이 생겼네요! 그 단계에 머물러 있군요! 여러분은 어떻게 그것을 넘어설 것으로 생각합니까? 또 다른 진언을 배워서요? 게다가, 진언이 의미하는 바를 알고 있나요? 만약 다음과 같으면 어떻게 하나요? "기분을 좋게 해주세요, 내가 죽을 때 당신은 내 영혼을 가질 수 있어요, 당신은 내 영혼을 지배할 수 있어요." 이래도 그 대가를 치를 준비가 되어 있나요?

이것은 아마 여러분이 듣고 싶은 말이 아닐 것입니다. 10대들에게 감각적 쾌락에 집착하지 말라고 하는 것이 아마 여러분에게 집착을 내려놓으라고 말하는 것보다 더 쉬울 거예요! 진전이 없어서 지쳤을 때는 원점으로 돌아가 올바른 기초를 다시 세워야 합니다. 기억하세요. 느린 거북이가 경주에서 이깁니다.

깨달음의 길에 나아가도록 도우면서 기분을 좋게 하는 일련의 진언을 내가 알았더라면, 아마 이 책을 쓰지 않았을 것입니다. 그리고 제가 알고 있는 것을 비밀로 하고, 그것을 최고 입찰자에게 선별적으로 팔았겠지요!

사실, 그런 행운은 없어요! 명상은 자조自助입니다. 꾸준히 애쓰고 진전하며 마음을 단련하면, 실력은 자연스럽게 늘 것입니다. 더 큰 실력을 갖출수록 더 큰 기쁨을 경험할 것입니다. 도중에, 쾌락의 즐거움에 애착하는 순간 그 단계에 갇혀 더 이상 성장할 수 없습니다.

Q: 저는 결가부좌로 2분 동안 앉았는데, 너무 아프기 시작했어요. 선사님이 가르쳐주신 대로 통증을 참았습니다. 나중에는 2분씩 늘리는 대신 5분씩 늘리기 시작했어요. 그 후에는 정말 좋았어요. 하지만, 다시 좋은 기분을 느끼기 힘들었습니다. 어떻게 된 걸까요?

A: 그게 정상이에요. 통증을 심하게 느끼면 몸은 자연스럽게 엔도르핀이라는 진통제를 내보냅니다. 그래서 초심자는 '좋은 기분'을 느낍니다. 여러분의 실력과 함께 통증의 역치가 높아

짐에 따라 몸은 더 이상 통증과 싸울 필요가 없어지므로 더 이상 엔도르핀을 내보내지 않습니다.

좋은 기분을 기대하지 말 것을 당부드립니다. 그것은 집착의 한 형태이고, 불합리하며, 진전을 방해합니다. 집중력이 향상함에 따라, 더 이상 통증은 없을 것이며, 동시에 더 높은 즐거움과 더 큰 웰빙의 느낌을 경험할 것입니다. 그런 일이 생기면, 있는 그대로 즐기다가 내려놓으세요. 그냥 그렇게만 계속하면 이해하게 될 겁니다.

Q: 만일 통증이 너무 심하면, 다치게 될까요?
A: 좋은 질문입니다. 여러분의 마음이 견딜 수 있는 고통은 한계가 있습니다. 그런 이유로, 우리는 통증을 느낄 때마다 매번 조금만 더 참으라고 요구합니다. 이것이 통증의 역치와 집중력을 높여줍니다. 여러분 스스로 2분 단위로만 훈련한다면, 다치지는 않을 것입니다.

물론 필요하다면 주치의와 상의해야 합니다. 그렇지만, 선지식의 지침을 믿고, 너무 걱정할 필요는 없습니다.

Q: 최고의 명상법은 무엇인가요?
A: 그것은 그 당시 여러분에게 효과가 있는 것입니다. 그래서 여러분이 사용할 수 있도록 몇 가지 배울 수 있는 수단들을 나열한 것입니다.

Q: 명상하면서 미소 짓는 것이 정말 저를 즐겁게 해준다는 것을 알았습니다. 그래도 괜찮은가요?

A: 물론 괜찮습니다. 중요한 것은 명상하는 동안 그런 즐거움을 기대하지 않는 것입니다. 왜냐하면 즐거움을 추구하는 마음이 여러분을 산만하게 만들기 때문입니다.

　사실 아무런 기대도, 가식도 없이 명상할 때 가장 많은 즐거움과 성취감을 얻습니다. 왜 그럴까요? 그것은 추구하는 마음이 여러분의 가능성을 제한하기 때문입니다.

Q: 저는 너무 바빠서 명상할 시간을 낼 수 없어요!

A: 이 문제에 대해 언급해 주어서 감사합니다. 잘 되기를 바랍니다!

　진정으로, 여러분이 시간을 만들면 좋겠습니다. 태도를 바꿔보세요. 일단, 일상생활을 개선하는 데 있어서 명상의 혜택을 이해하게 되면, 먹고 자는 것만큼 명상이 필수적이라는 것을 알게 될 것입니다. 여러분은 분명히 몸에 영양분을 공급하기 위해 식사 시간을 갖습니다. 그렇다면 마음을 기르기 위해서는 무엇을 하고 있나요? 명상은 마음의 음식입니다. 명상은 생각을 더 잘 할 수 있도록 도와주고 문제를 더 효율적으로 다룰 수 있게 합니다. 자, 보세요. 만일 여러분이 점심을 먹지 않으면 오후 무렵에 에너지는 바닥날 것입니다. 그렇죠? 그와 유사하게, 명상하면 마음이 충전되어 가장 필요할 때 에너지는 고갈되지 않을 것입니다.

조금씩 시작해 보세요. 3일 연속 하루에 한 차례 15분 동안 선을 해보세요. 그런 다음 멈추세요. 4일째 되는 날, 아마 정신적 예리함과 몸의 에너지가 급격히 떨어진 것을 알게 될 것입니다. 그러면 여러분도 선 클럽의 일원이 되고 싶어질 거예요.

Q: 명상할 때 향을 사용하는 것이 좋은 방법일까요?
A: 향은 또 다른 형태의 산만함입니다. 그것은 전혀 도움이 되지 않습니다.

Q: 명상 음악을 사용할 수 있나요?
A: 좋은 생각이 아닙니다. 여러분을 산만하게 할 뿐입니다.

Q: 선사님은 누워서도 명상을 하시나요?
A: 예, 우리는 그것을 잠이라고 불러요. 농담은 그만두고, 그렇습니다. 만일 병이 나거나 침대에 누워 지낸다면, 누워 있는 동안 이 책에서 설명한 선법들을 사용할 수 있습니다. 하지만 꼭 누워야만 하는 경우가 아니라면 명상 중에 눕지는 마세요.

Q: 구정九定 다음은 무엇인가요?
A: 헤아릴 수 없는 삼매의 단계가 있습니다. 일단 구정을 넘기면

지혜로운 스승이 인도할 수 있습니다. 염려하지 마세요. 여러분이 구정에 도달할 때까지 꽤 긴 시간이 걸릴 테니까요.

Q: 식사 후 바로 명상해도 되나요?
A: 초급 단계에서는 식후 1시간 정도 기다리는 것이 더 좋습니다. 식후 소화를 돕도록 최소 15분 동안 천천히 걷기를 권합니다.

Q: 언제가 명상하기 가장 좋은 시간인가요?
A: 가장 좋은 시간은 기상한 직후와 잠자리에 들기 직전입니다. 하루 중 아침 또는 저녁 5~7시 사이도 좋습니다. 또 다른 좋은 시간은 직장에서 중요한 회의가 있기 전일 것입니다. 명심할 것은 규칙적인 일정을 따르는 것입니다. 일관성은 일관된 결과를 가져올 것입니다.

Q: 아프면 어떻게 해야 하나요?
A: 저의 개인적인 경험을 말씀드리겠습니다. 처음 명상을 시작했을 때, 3주 기간의 명상 수련회에 참가했습니다. 매일 오전 3시부터 한밤중까지 명상했지요. 저는 출가한 지 10년 넘은 한 스님 옆에 앉아 있었습니다. 오래 앉는 사람들을 위한 자리가 따로 마련되어 있었어요. 5시간 좌선한 후 희미한 소리가 들리기 시작했어요. 누군가가 고통으로 아주 조용히 울부

짖는 것 같았지요. 저는 눈을 떴고, 오래 앉는 사람들의 대열에서 남아 있는 사람은 제 옆 사람과 저뿐임을 알았습니다. 그는 여전히 아주 조용하게 신음했습니다. "아~아~아~"

달리 뭘 할 수 있겠어요? 아프면 울어도 돼요!

통증의 고비를 직면하는 용기와 강인함을 가진 특별한 사람이어야 합니다. 이 책의 통증 부분을 참고하세요. 담대해지고 몇 분만 더 참기로 결의하세요. 여러분이 알아채기 전에 아주 훌륭하게 시험을 통과할 것입니다.

Q: 2분 동안 고통을 참는 것이 마법과 같은 것인가요?

A: 마법 같은 건 전혀 없습니다. '2분'은 너무 짧지도, 너무 길지도 않습니다. 그것은 마치 중도(middle way)와 같습니다. 제가 정말 전하고 싶은 메시지는 어려울 때 포기하면 안 된다는 것입니다. 포기하는 대신, 점차 더 견딜 수 있도록 훈련해야 합니다.

누군가가 일단 거부하고 이렇게 말합니다. "나에게는 정말 이것이 필요하지 않아요. 내 삶은 이미 충분히 스트레스를 받고 있어요. 힘겨운 일과를 마치고 차라리 맥주 한 캔 마시며 TV 앞에서 쉬는 게 더 나아요."

선택은 전적으로 여러분에게 달려 있습니다. 만일 적절한 명상법을 계발한다면, 여러분의 삶은 확실히 스트레스가 줄어들 것이고, 느긋하게 인생을 즐길 수 있는 능력은 더 향상

될 것입니다.

적어도 시도해봐야 합니다. 통증으로부터 달아나지 말고 30초 정도 참아보세요. 나중에 점차 지속 시간을 2분씩 늘려보세요. 만일 2분이 충분한 도전이 아니라면 3분, 4분 또는 심지어 15분 정도 더 늘려보세요.

Q: 명상하기 위해 앉을 때마다 저는 잠이 듭니다. 어떻게 해야 하나요?

A: 앉아 있는 대부분의 시간에 잠을 자는 명상 지도자들도 있습니다만, 숙련된 지도자들은 거의 그렇게 하지 않습니다.

초심자의 경우, 선택은 훨씬 더 제한적입니다.

너무 피곤하면, 명상하기 전에 잠을 좀 자두세요.

그것이 피로의 문제가 아니라면, 습관을 버리도록 노력해보세요. 명상모임에 들어가서 도반들로부터 압박을 받으세요. 우리 명상반에서 잠들다 발각된 사람들은 몇 분 동안 일어서 있어야 합니다.

집에서도 일어서서 몇 분 정도 걷고 세수하거나 음료를 마십니다.

때때로 졸음을 견디고 깨어 있기 위해 최선을 다해야 합니다. 시간이 지나면 졸음을 느끼는 경향은 사라질 것입니다.

Q: 소승 명상과 대승 명상의 차이점은 무엇인가요?

A: 좋은 질문입니다.

이 책에 소개한 방법들은 중국의 대승불교 전통에서 유래합니다.

그 둘의 차이점에 대해 간략하게 설명하겠습니다. 더 상세한 설명은 이 책의 범위를 벗어납니다.

주요한 차이는 궁극적 목표와 선택적 접근에 있습니다.

소승의 명상 목표는 아라한이 되는 것입니다. 아라한은 고통을 끝내는 방법을 깨우쳐서 참된 행복을 이해한, 믿을 수 없을 정도로 지혜로우며 깨달은 존재입니다. 이런 수행자들은 자신들의 열반을 위해 깨달음을 빨리 얻고자 높은 산이나 방해요인들로부터 멀리 떨어진 곳에서 은둔하기를 선호합니다. 우리는 그들이 은둔을 선택했다고 해서 비난할 수 없습니다. 왜냐하면 그것이 명상에 더 도움이 되고, 명상에서 오는 기쁨은 너무나 대단해서 어떠한 감각적 쾌락도 거기에 미치지 못하기 때문입니다. 그들은 보살의 대승에 대한 개념은 알고 있지만, 그 길을 가는 방법은 잘 모르는 것 같습니다.

그와 반대로, 대승은 아라한의 목표처럼 자신을 제도하기 위해 수행하는 대신 다른 사람들의 제도를 주된 목표로 삼습니다. 보살은 자신과 모든 중생을 구제하기 위해 서원을 세우므로 도심과 시장을 마다하지 않습니다. 그는 번뇌를 피하지 않고 오히려 부처님이 되도록 도와주는 수단으로써 고통을 바라보며, 그에게 명상은 인류를 섬기는 것과 분리되어 있지 않습니다. 즉, 이것은 선함과 다르지 않습니다. 그러므로 대승 명상의 목표는 더 궁극적이고 방법은 훨씬 더 폭넓습니다. 우리는 다른 사람들을 우리 자신보다 우선시합니다.

대승은 네 가지 측면으로 정의됩니다.

첫 번째, 모든 중생을 구제하는 것입니다. 여러분은 다른 사람들을 돕는다는 목표를 마음에 새겨야 합니다.

두 번째, 여러분과 모두에게 삶의 짐이 되는 수많은 번뇌를 없애는 것입니다. 번뇌는 어리석음의 현현입니다. 여러분 자신이 어리석다면 어떻게 다른 사람을 도울 수 있을까요?

세 번째, 배워야 할 모든 것을 배우는 것입니다. 왜냐하면 이것이 문제를 해결하는 지혜의 열쇠이기 때문입니다. 모든 중생은 각기 다른 욕구가 있습니다. 다른 사람의 문제를 해결하는 데 필요한 모든 것을 배우기 위해 생사와 윤회의 주기가 필요합니다.

네 번째, 궁극적인 목표는 부처가 되기를 바라는 것입니다. 여러분은 원하는 만큼 많은 윤회를 겪을 수 있습니다. 궁극적으로 성불은 존재가 이룰 수 있는 가장 중요한 성취로, 모든 사람들이 갖기를 열망하는 본질적인 앎을 나타냅니다. 우리 모두 부처가 될 수 있습니다. 이보다 못한 것에 만족하면 안 됩니다.

Q: 명상에 도움이 되려면 어떻게 먹어야 하나요?

A: 몸에 넣는 연료는 확실히 명상에 영향을 줍니다.

다음과 같이 해보세요.

① 채식을 좀 더 하세요. 채식은 몸이 제거해야 할 독소의 양을 줄여줍니다.

② 양파와 마늘과 같은 신채辛菜들은 효율적인 수행을 크게 방해하니 섭취를 줄이세요.

③ 저녁을 덜 먹고, 아침과 점심에 보충하세요.

④ 선 수련회에 참가할 때 자극적이지 않은 음식을 드세요.

Q: 다리를 올리는 순서가 중요한가요?

A: 예, 그렇습니다.

기질에 대한 음양의 균형을 비롯해 여러 가지 이유로 매우 중요합니다. 순서는 조화를 만듭니다. 먼저, 왼쪽 다리를 오른쪽 다리 위에 올린 다음, 오른쪽 다리는 그 위에 둡니다. 이것은 남녀 모두에게 적용됩니다.

지금부터 올바른 순서로 수행하는 것이 더 좋습니다.

Q: 선사님은 우리에게 친절하고 좋은 사람들에게 감사할 줄 아는 법을 배워야 한다고 말씀하셨지요. 그런데 누군가 제게 98%는 나쁘게 대하고 2%만 선하다면, 그래도 그에게 감사해야 하나요?

A: 여러분을 향한 그 2%의 선함에 감사하는 법을 배우세요.

세상 사람들처럼 누군가가 극도로 악하므로 여러분에 대한 그의 선함을 인정할 필요가 없다고 합리화하지 마세요.

수승한 사람은 2%의 선함에 감사하고 98%의 나쁨은 무시합니다.

Q: 저희가 참고할 만한 다른 명상 서적을 추천해 주시겠어요?

A: 저는 처음 시작하기 전에 모든 것을 빨리 알고 싶어 했습니다.

명상 방법에 관한 책을 더 읽는 것은 나쁘지 않다고 생각합니다. 이 점에서, 소승불교의 명상 서적들은 풍부한 정보를 제공할 것입니다. 그렇다고 너무 많이 읽는 것은 혼란스러울 수 있으니 주의해야 합니다. 명상은 다음 단계로 나아갈 정도만 알면 됩니다. 진전함에 따라 배운 이치들은 밝혀질 것입니다. 불교경전번역협회(BTTS)의 'Chan Handbook'을 강력히 추천합니다. BTTS는 1959년에 선화상인이 설립한 불교의 번역 기관인 불교경전번역협회(Buddhist Text Translation Society)를 의미합니다. 불교경전번역협회의 임무는 부처님의 참된 가르침인 정통 불교경전을 번역하고 전 세계에 유포하는 것입니다.

저는 개인적으로 선화상인의 책 'Listen and Think I, II'를 참 좋아합니다. 그렇다고 허운 대선사의 명상 서적을 읽는다 해서 잘못될 수는 없습니다.

불교 명상은 중국어로 아주 잘 기록되어 있고, 베트남어로도 많이 번역되어 있습니다. 하지만, 문자화된 정보는 모든 것을 담아낼 수 없습니다. 어떤 경계는 언어로 정확하게 묘사할 수 없습니다. 그런 이유로 명상은 말이 없는 가르침이라고 합니다. 이따금 명상 지식으로 자신의 대단함을 과시하려는 선생님들과 학생들을 만납니다. 그들이 아무리 잘 읽었어도, 명상을 주제로 토론할수록 자신들의 수준을 더 많이 드러낼 뿐입니다. 그것은 마치 엽서에 있는 사진이나 그림을 보고 거기에 갔던 척하는 것과 같습니다.

끝으로, 다소 편향된 답변을 드리겠습니다. 저는 이 책이 초심자가 명상을 시작하는 데 필요한 모든 것을 제공한다고 생각합니다. 여러분은 중급 및 상급 수준으로 진전하기 위해 기술적으로 충분히 알고 있다고 자신감을 가질 수 있습니다. 나아가, 기반을 단단히 다지고 싶다면 덕과 선함이라는 '부드러운(soft)' 자질도 열심히 노력해야 합니다. 대부분의 중급 학생들은 기술적으로는 문제가 없으나, 기반은 좀 약한 편입니다. 그들처럼 수행의 '부드러운' 측면을 무시하지 마세요. 처음 시작할 때 그 중요성을 이해하지 못하면 멀리 갈 수 없을 것입니다.

실제로 선에서 심성의 내적인 측면이 학생들의 진전을 평가하기 때문에 '딱딱한(hard)' 기술적인 기법보다 더욱 중요합니다. 그래서 우리는 선의 어려운 기법들과 심성의 '부드러운' 측면을 함께 가르칩니다.

Q: 저는 윤회, 아라한, 불국토 등 불교의 개념이 어렵습니다. 이러한 것들이 명상에 어떤 영향을 미치나요?
A: 불교 명상을 훈련하기 위해 불자가 될 필요는 없습니다. 심지어 부처님도 제자들에게 그들이 듣는 모든 것에 의문을 가져야 하고, 당신의 말씀조차도 맹목적으로 믿지 말라고 가르쳤습니다. 이해할 수 있는 것을 활용하고, 이해할 수 없는 것은 간과해야 합니다. 불교의 철학은 아주 민주적입니다. 어떤 것도 강제로 믿으라고 하거나 상대방의 의지에 반대하는 것은 하지 않습니다.

처음 시작했을 때 저는 불자가 되려고 하지 않았습니다. 그냥 명상이 하고 싶었습니다. 사실 저는 매우 회의적이어서 불교는 대개 미신이라고 믿었습니다. 하지만 운이 좋게도 두 분의 지혜로운 스승을 만났습니다. 그들은 저에게 "그냥 읽어보고" 지금 당장 그 뜻을 이해하지 않아도 좋다고 말씀하셨습니다. 그래서 저는 읽어보고 판단하지 않았습니다. 여러분도 같은 태도를 보이길 바랍니다. 여러분이 이해하는 모든 것을 활용하고, 아무것도 거부하지는 마세요. 더 잘 이해하게 될 때까지 보류하세요. 꼬리표를 달거나 비난할 필요는 없습니다.

저는 높이 칭송할 만한 덕을 가진 무슬림들을 많이 만나서 그들을 닮으려고 노력했습니다. 그리고 언제든 나쁜 불자보다 좋은 기독교 신자를 선택할 것입니다.

Q: 번뇌가 무엇인가요?

A: 일반적으로 탐욕, 분노, 어리석음에 관한 생각입니다. 미세한 차원에서 어떠한 생각의 동요도 선 수행자들에게는 번뇌이지요.

　명백히 우리의 마음은 그러한 생각들로 꽉 차 있습니다. 그것들을 유루有漏라고 부르기도 합니다. 번뇌는 유루입니다. 왜냐하면 삶의 에너지를 밖으로 흐르게 만들고 지혜로운 삶을 줄어들게 하기 때문입니다.

　지혜로운 삶은 영적인 삶입니다. 체육관에 가는 것이 건강을 유지하는 데 도움이 되는 것처럼, 우리는 영적인 삶을 강화하고 보강해야 하며, 다 써버린 복을 보충해야 합니다. 도덕적이고 덕있는 삶을 살기로 다짐하고, 궁극적 행복, 즉 출세간적 지혜를 향해 노력해 보세요.

Q: 공덕이 무엇인가요?

A: 공功은 선행의 결과입니다. 가령, 무료 급식소에서 봉사하면 공을 짓습니다. 덕德은 여러분이 보유한 내면의 자질입니다. 가령, 부모님께 효도하는 것은 덕입니다. 그리고 자비심 또한 덕입니다.

공이 관찰할 수 있는 것이라면, 덕은 보통 감춰져 있습니다. 그러므로 관대한 사람으로 인식되고 싶은 바람에서 하는 자선은 공은 있지만 덕은 부족합니다.

Q: 명상하는 사람들이 그전보다 더 번뇌로운 것 같습니다. 그게 정상인가요?

A: 예, 그렇습니다.

그들은 자주 화를 내지 않지만, 화가 나면 더 크게 화를 내는 경향이 있습니다. 이것은 분노를 통해 새어 나올 수 있는 정신적 힘이 강해진 결과입니다. 여러분에게 선지식이 필요한 까닭은 정확하게 이것 때문입니다. 지혜로운 선지식은 이러한 함정을 인식하도록 도와서 여러분이 강해진 힘으로 잘못을 저지르지 않게 할 것입니다.

삼매에서 힘이 생깁니다. 강해진 힘으로 자아를 위하고 탐닉함으로써 힘을 남용하는 대신 올바로 사용하는 법을 배워야 합니다.

Q: 다리 통증을 참는 이유는 무엇인가요?

A: 여러분의 질문은 믿음이 부족함을 보여줍니다.

우리가 이유 없이 통증을 요구한다고 생각하나요? 예전에도 말했듯이, 통증은 집중력을 기릅니다.

이기적인 마음으로는 이해하기 어려울 거예요. 그냥 해보면, 이해할 때가 있을 것입니다.

이런 식으로 설명하겠습니다. 다리 통증은 실제로 큰 이득이 있습니다. 여러분에게 복이 충분히 있다면, 그것이 사실이라는 것을 알게 됩니다.

Q: 명상 학생들은 마에 사로잡히기 쉽다고 들었습니다. 그게 사실인가요?

A: 예, 그들이 이기적이거나 자기중심적이면….

그들은 무심코 마를 불러들이고 쉽게 마에 사로잡힐 수 있습니다. 예를 들어 그들은 다른 사람의 말 듣기를 거부할 수 있습니다. 종종 자기 자신 외에 아무도 믿지 않으며, 마음 속 깊이 선지식 보다 자신을 신뢰합니다.

희소식은, 뛰어난 선지식을 만날 복이 있다면, 선지식은 그런 마장을 제거하도록 도울 수 있다는 것입니다. 여러분은 명상을 시작하고 선지식을 찾는 데 전념해야 합니다. 또한, 복을 지어야 합니다. 복은 여러분을 가르칠 그런 선지식을 찾도록 도와줄 것입니다.

Q: 왜 앉아서만 선을 해야 하나요? 선사들이 걷기, 서기 등이 선이라고 말하지 않았나요?

A: 예, 슈퍼마켓에 가는 것도 선입니다.

여러분은 아마 밭에서 일하는 중 깨달았다는 많은 선 수행자들에 대해 들어보았을 것입니다.

지적인 선을 닦는 사람들을 모방하지 않는 것이 중요합니다. 그들은 다리를 틀고 앉는 것이 유일한 방법이 아니기 때문에 그럴 필요가 없다고 말합니다.

맞습니다. 그것이 선을 닦는 유일한 방법은 아닙니다. 만일 여러분이 깨달았다면, 선을 할 필요는 없습니다. 하지만, 아직 혼란스럽다고 느낀다면 다리를 틀고 앉는 것을 고려해야 합니다. 그리고 진정 혼란을 끝내고 싶다면 다리의 통증을 견뎌야 합니다.

여러분이 깨달은 후에 걷는 것과 슈퍼마켓 가는 것도 사실 선입니다. 여러분이 하는 모든 것이 선입니다. 깨닫기 전까지는 다리를 틀고 앉거나 통증과 고통에서 여러분을 인도해줄 선지식을 찾는 것이 더 좋습니다.

Q: '현재를 사는 것'의 개념을 설명해 주시겠어요?

A: 예, 여러분의 주의를 '지금'에 두는 것은 과거와 미래에 관한 생각을 멈추도록 도와서 망상을 줄입니다.

그런데 이 현재의 순간을 정의할 수 있나요? 진정한 불자는 현재의 순간이 없다고 생각할 것입니다! 여러분이 '지금'이라고 인식하자마자 그것은 이미 과거입니다.

그럼 지금은 무엇입니까? 그것은 오직 망상일 뿐입니다. 더 이상 현재하지 않는 과거, 그리고 아직 현재하지 않는 미래와 같이 현재의 순간은 실제가 아닙니다. 그것은 단지 개념적 구성물일 뿐입니다.

게다가 지금 여기에 사는 것에 대한 강조는 가끔 오해의 소지가 있습니다. 왜냐하면 그것은 감각적 쾌락에 대한 자기 방종적 애착을 키웁니다. 또한 인과의 법칙으로 올바른 씨앗을 심으려고 미래를 계획하는 것을 잊게 만들 수 있기 때문입니다.

그래서 저는 선한 사람이 되라는 개념을 더 좋아합니다. 다른 사람들에 대한 선행과 양보를 지지하고, 덕의 방식을 신뢰합니다.

만약 여러분이 그러한 태도를 보인다면 좋은 일들은 자연스럽게 일어날 것입니다. 여러분이 어디에 있든지 쓰나미나 핵 사고와 같은 재앙은 없을 것입니다.

Q: 아무리 명상을 해도 저를 몹시 아프게 한 소녀를 용서할 수 없습니다. 어떻게 해야 하나요?
A: 그것은 괴로움입니다! 당신은 자비가 부족합니다!

한 제자가 다른 제자와 언쟁을 하였습니다. 그녀는 심하게 마음을 다쳤으며 상대방을 용서할 수 없었습니다. 그런데도 저는 그들을 억지로 함께 일하게 했습니다. 저는 그들이 불교에서 말하는 8가지 괴로움의 하나인 '미워하는 누군가와 함께하는 괴로움'에 대해 각자 눈을 뜰 거라고 생각했습니다.

불행하게도, 그것은 어느 제자에게도 별 도움이 되지 못하고, 계속해서 뼛속까지 서로를 증오했습니다.

여러분은 여러분 자신에게 왜 그렇게 화가 났느냐고 물어 보셨나요? 화를 키우길 좋아한다면 여러분은 자신에게 독약을 쓰고 있는 것입니다!

우리 웹사이트에서 2011년 10월 9일자 아미타경 강설의 녹음 파일 중 '영적 방편'을 들어보세요. 이 강설은 화를 다스리고, 성난 생각을 떨쳐버리는 방법을 가르쳐주며, 화의 순환 고리를 끊게 도와줄 것입니다.

화를 다스리는 또 다른 방법은 진심으로 관세음보살의 명호를 염불하는 것입니다. 그러면 언젠가는 여러분의 마음 안에 있는 독을 제거할 것입니다. 당신을 괴롭힌 여성을 위해 뭔가 좋은 일을 해보세요. 하지만, 먼저 마음을 가라앉혀야 합니다. 용서는 숭고합니다. 용서하는 법을 배워서 여러분의 품격을 높이고 숭고한 복의 씨앗을 심어야 합니다.

Q: 선과 정토를 함께 수행하는 것을 추천하는 것은 문제가 있다고 생각합니다. 그것은 일심이 되기 위해 일심으로 법문을 수행한다는 것에 반하지 않나요?

A: 좋은 질문입니다!

생각해보세요! 얼마나 많은 스승이 양쪽 법문을 다 추천할 만큼 충분히 이해하고 있을까요?

선을 이해하는 사람들 또한 선과 정토 불교는 하나며 같다는 것을 알 것입니다.

선의 대가로 잘 알려졌고 염불도 가르쳤던 허운 대선사를 알고 있나요? 그의 후계자였던 저의 스승인 선화상인은 선과 정토뿐만 아니라 5대 불교 종파를 모두 가르치셨습니다!

제가 불교의 다른 종파들을 가르쳐서 여러분을 혼란스럽게 하지 않으려고 단지 선과 정토만을 가르친다고 여러분은 생각할 수 있습니다.

일심에 도달하기 위해서는 오직 한 가지 수행만을 해야 한다고 사람들은 자주 혼동합니다.

선지식이 말하기 전까지 한정하지 말아주세요. 한정하는 것보다 선지식의 지시 사항을 따름으로써 일심이 될 기회는 더 많습니다.

예를 들어, 염불만 전문적으로 하고 선 수행을 거부하면, 『아미타경』에서 말하는 '일심불란으로 염불하는' 염불삼매에 들어갈 기회는 적습니다.

선지식을 더 신뢰하고 그와 싸우지 않는 법을 배우세요. 저는 여러분이 만족스럽고, 신뢰할 수 있는 선지식을 찾길 바랍니다.

Q: 저는 선에서 참 많은 것을 얻었습니다. 어떻게 아들에게 불교 명상과 수행에 대해 가르칠 수 있을까요?

A: 그만두세요!

아드님에게 명상하는 법이나 불교에 대해 가르치지 마세요.

그냥 내버려 두세요.

이것은 대부분의 사람들이 저지르는 다소 흔한 실수입니다.

다른 사람들이 여러분에게 부탁하지 않으면 가르치려고 해서는 안 됩니다. 다른 사람들을 자신의 믿음으로 개종시키려고 하는 사람들은 그들의 믿음에 대해 나쁜 평판을 만들고 있습니다. 내버려 둡시다. 다른 사람들의 믿음 또는 믿음의 부족함을 포함해서 타인을 존중하세요.

저는 다른 사람들을 불교로 개종시킬 생각은 하지 않아요. 스스로 결정하게 합니다. 저는 차라리 선량하고 품위 있으며 도덕적인 존재가 되는 것에 더 집중하고 싶습니다. 만일 우리의 사랑하는 사람들이 우리가 승자임을 안다면, 그들 또한 우리처럼 되고 싶어 할 것입니다. 우리의 길을 다른 사람들에게 강요할 필요는 없습니다.

Q: 『벽암록』에 대해서 어떻게 생각하시나요?

A: 『벽암록』은 선 지도자들이 그들의 학생들을 가르치기 위해 사용한 공안이나 화두의 모음집입니다. 거기에는 명상 주제에 관한 설명도 있기 때문에 선과 젠 공동체에 매우 잘 알려

져 있습니다.

저는 한 젠 학생을 기억합니다. 그녀는 자신의 젠 스승이 벽암록을 읽는 것조차 허락하지 않았고, 몇 가지 심오한 젠의 원리를 토론하는 그런 특별한 때만 사용되었다고 저에게 공손하게 말했습니다.

몇 년이 흐른 뒤 저는 "염불하는 자는 누구인가?"라는 화두를 타파한 한 선 수행자와 우연히 만났습니다. 그는 저에게 자기의 수행 경험을 이야기했습니다. 대화 도중 저는 『벽암록』에 관한 그의 생각을 물었습니다. 지금도 그의 반응을 생생하게 기억합니다. 그는 눈살을 찌푸리며 재빨리 말도 안 된다고 일축했습니다.

이제, 여러분의 질문에 대한 답입니다.

그가 눈살을 찌푸렸던 이유는, 글로 설명하려는 그 자체가 말도 안 된다는 뜻입니다.

여러분이 화두나 공안을 드는 법을 이해한다면, 이런 공안들을 설명하지 못할 것입니다. 왜냐하면 그것들은 설명되는 것이 아니기 때문입니다. 답은 없습니다.

Q: 제가 깨달았다는 것을 어떻게 아나요?
A: 그렇게 물어봐야 한다면, 아직 깨닫지 않은 것이 확실합니다!

만약 여러분이 깨달으면, 그것을 인가받기 위해 선지식을 찾아야 합니다. 정법을 닦는 사람들은 그렇게 합니다.

위음왕불(威音王佛: 불교 경전에서 설한 부처님 중 한 분) 이전에는 인가 받을 필요가 없었습니다. 하지만, 자기들이 깨닫지 않았는데 깨달았다고 공언한 허풍선이들 때문에 참된 수행자들은 일반적으로 이 단계에 도달했다고 느낄 때 다른 선지식들로부터 인가를 구합니다.

조사들이 어떻게 인가하는지 알려면 선화상인의 『육조단경 강설』이나 우리의 유튜브 강설을 보세요.

인가는 모든 것을 바꿔 놓습니다. 그것은 계속해서 수행하는 방식에 영향을 미치고, 더 많은 책임을 요구합니다. 이제 다른 사람들을 위해 일해야 합니다. 인가를 받았으니 이제 세상으로 나가 세상을 도우십시오. 이에 어긋나는 어떤 변명도 용납하지 않습니다.

Q: 저는 묘지에 있는 것을 좋아합니다. 그곳에서 명상하는 것은 좋은 것인가요?

A: 미국에 있는 대부분의 묘지는 잘 관리되고 깨끗하게 정돈되어 있습니다. 그렇지만, 음양의 세계가 있다는 것을 믿는다면, 우리가 사는 세상은 양의 세상입니다. 음의 세상에 있는 존재들은 어디에 모인다고 생각하나요?

불교에는 묘지에서 스님들이 하룻밤을 지내는 수행이 있습니다. 밤에는 보통 귀신이나 마로 알려진 음의 세상에 있는 존재들이 모여들어 묘지에서 아마 파티를 벌일 것입니다. 그래서 스님들은 묘지에서 밤을 보냅니다. 그러면 집중력에 도움이 되는 듯합니다.

그렇지만 나는 묘지에서 하는 명상을 추천하지 않습니다. 귀신과 마에 사로잡히고 싶지 않으면 그런 장소는 피하세요.

Q: 명상 방석을 사용하는 것에 대해 어떻게 생각하시나요?
A: 여러분에게 달려 있습니다. 명상에 도움이 되는 것은 뭐든 좋습니다.

여러분들 중에서 좀 더 빨리 향상하고 싶은 사람들은 사용하고 싶지 않을 수도 있습니다.

여러분은 불편함을 견디는 쪽을 선택하는 것이 더 좋습니다. 불편함은 집중력을 더 빠르게 향상되도록 도울 것입니다.

여전히 방석을 사용하는 스님들과 경험 많은 명상가들이 있습니다. 그것은 바람직하지 않습니다. 왜냐하면, 아직 편안함에 집착한다든가 적어도 불편함을 두려워한다는 것을 보여주기 때문입니다.

제가 왜 마룻바닥에 그냥 앉는 것을 더 선호하는지 아세요? 그렇게 하면 꼼지락거릴 수 없기 때문입니다. 그러면 더 아픕니다. 약간의 불편함은 집중력을 키우는 데 큰 도움이 됩니다.

Q: 제가 왜 명상하러 차를 몰고 절로 가야 하나요?

A: 명상하러 절에 가려고 교통체증을 견뎌야 하는 것이 얼마나 달갑지 않은지 이해할 수 있습니다.

그렇지만 여러분이 절에 가야 하는 몇 가지 이유가 있습니다.

① 규칙적으로 명상하는 습관을 길러줍니다.
② 여러분보다 집중력이 더 높은 사람들과 함께 함으로써 이롭습니다.
③ 선을 수행하는 절에서는 보통 더 효과적으로 집중할 수 있기 때문에 명상하기에 좋은 장소입니다. 앉아서 눈을 감고 잠깐 절과 다른 장소들의 고요함을 비교해보세요.
④ 가장 중요한 것은 지침과 지도를 받을 수 있다는 것입니다. 좋은 선사들은 제자들의 삼매력이 높아지게끔 조용히 돕습니다.

Q: 선사님께서 베트남과 중국에서 사용되는 공동수행(Joint Practice)이라는 용어 대신 선과 정토 수행을 병행한다는 용어를 사용하는 것으로 알고 있는데요, 그 이유는 무엇인가요?
A: 그것은 공동수행이라고 부르는 현행 티베트 수행과 우리의 수행을 분명히 차별화하기 위한 것입니다. 그들은 남성과 여성 참여자들 간의 성적 행위가 포함된 일부 특정 관행을 고수

합니다. 올바른 명상 방법에 오명을 실어주는 그런 관행은 참 난처합니다. 그것은 아직 성적 욕망을 극복하지 못했다는 것을 보여주는 것이지요.

정통 불교에 그런 가르침은 없습니다.

용어해설

개입, 간섭 介入 Meddle 지난 인과의 자연적인 해결에 끼어드는 것입니다. 예를 들어, 과거 업의 부채를 청산하는 자연적인 과정에서 양 진영이 서로 싸울 수 있습니다. 그런데 제3자가 그들 사이에 끼어들어 결과에 영향을 미치려고 한다면 그것은 개입입니다.

결가부좌 結跏趺坐 Full-lotus 이 자세는 먼저 왼발을 오른쪽 허벅지 위에 올려놓은 다음 오른발을 왼쪽 허벅지 위로 올려서 두 다리를 교차합니다.

경계 境界 State '경계'는 '마음의 현상'의 줄임말입니다. 명상가는 많은 종류의 경계를 경험합니다. 집중의 단계는 경계의 유형입니다. 12장에서 수행자가 겪을 수 있는 일부 여러 경계들을 소개했습니다. 높은 단계에서 그러한 경계들을 해결할 적절한 도움을 받지 못해서 명상 학생들은 종종 정체되거나 길을 잃습니다.

경전 經典 Sutra 경전은 부처님의 가르침을 가리키는 총칭입니다. 불자는 삼매를 닦는 법을 알기 위해 경전을 배웁니다.

계 戒 Precepts 불교의 도덕규범을 계라고 합니다.

공덕 功德 Merit and virtue 공은 눈에 보이고 관찰할 수 있는 선행을 통해 쌓는 것이고, 덕은 숨겨진 내면의 성격적 자질을 개선함으로써 쌓는 것입니다.

관 觀 Vipassana 명상의 두 가지 측면 중 두 번째인 관은 통찰을 의미합니다. 이것은 지(Samatha, 止) 명상을 따릅니다. 관은 명상 주제에 마음을 일심으로 집중해서 관찰할 때 발생하고, 진정한 앎을 얻습니다. 불교의 전문 용어로 이것은 지혜의 '개현'이라고 부릅니다.

관음 觀音 Guan Yin 관음은 관세음보살의 또 다른 명호입니다. 관세음보살이 한때 수행했던 것으로 우리의 청력을 이용해 집중력을 높이는 특별 법문이 있습니다. 그것은 높은 수준의 명상 기법인 반문문자성(反聞聞自性: 소리를 돌이켜 자성을 듣는다)이라고 알려진 중국 법문에서 유래합니다.

괴로움, 고통 苦 Suffering 과거에 우리는 죄나 악업을 지었기 때문에 이제 그 결과를 감내하고 괴로움을 겪어야 합니다. 괴로움은 육체적, 정신적, 정서적일 수 있습니다.

교종 敎宗 Study School 5대 중국불교 종파의 하나로, 경전 연구에 중점을 둡니다.

금강 金剛 Vajra 금강은 우주에서 가장 단단한 물질의 이름으로, 채굴할 수는 없으며, 불법으로 연마되어야 합니다.

단전 丹田 Dan Tian 단전의 개념은 도교에서 차용한 것입니다. 이것은 우리의 정신적인 무게 중심으로, 몸에서 배꼽 주위에 위치합니다.

대승 大乘 Mahayana 대승은 산스크리트어로 마하야나라고 합니다. '승乘'은 중생을 안전한 곳으로 그리고 해탈로 실어 나르거나 건네주는 능력을 말합니다. '대大'는 소승불교와 비교해 대승불교의 훨씬 더 큰 적재 능력을 가리킵니다.

돈오 頓悟 Sudden Enlightenment 돈오는 순간적으로 깨달음을 얻는 갑작스러운 도약을 말합니다. 돈오는 보통 점오와 반대지만, 실제로 이들은 분리되지 않습니다. 돈오는 점오의 정점입니다.

락 樂 Bliss 삼매에 들어가면 생기는 믿을 수 없을 만큼 좋은 느낌인 선의 즐거움을 명상가들이 신속히 경험하길 바랍니다. 가령, 10분 동안 삼매에 들면 좋은 느낌은 그 후 몇 시간 동안 지속될 수 있습니다.

마음챙김, 정념 正念 Mindfulness 마음챙김은 근래에 인기있는 개념으로, 몇 가지 의미가 관련되어 있습니다. 정념은 어떤 것을 기억하고 잊지 않는 것입니다. 대중적인 용법 및 심리학계에서 마음챙김은 현재 순간을 판단하지 않고 자각하는 것을 일컫습니다. 상좌부불교에서 마음챙김은 호흡을 기억하는 명상 방법을 가리킵니다. 때때로 불자들은 어떤 순간이라도 죽음이 찾아올 수 있다는 것을 기억하면서 무상과 같은 중요한 가르침에 대해 정념을 수행합니다. 대승의 정토불교는 아미타불의 명호에 대한 정념을 가르치는데, 이때 더 이상 망상에 방해받지 않을 때까지 염불합니다.

망상 妄想 False-thinking 모든 사유 과정은 망상으로 여겨집니다. 왜냐하면 다 '그릇된' 의식에서 진행되기 때문입니다.

무명 無明 Delusion 전도, 미혹, 어리석음 등이라고도 불리는 무명은 사실에 대한 잘못된 인식으로, 잘못된 선택을 하게 만듭니다.

무색계 無色界 Formless Realm 무색계는 색계보다 더 높은 존재의 영역입니다. 욕계와 색계처럼, 무색계 또한 다섯 번째부터 여덟 번째 삼매를 닦아서 각기 성취할 수 있는 집중의 영역이 있습니다.

- 공무변처 – 오정
- 식무변처 – 육정
- 무소유처 – 칠정
- 비상비비상처 – 팔정

무생법인 無生法忍 Patience of Non-production of Dharmas 무생법인은 구정九定의 공식 명칭입니다. 무생법인을 증득하면 단 하나의 생각도 일으키지 않습니다. 그것이 진정으로 자기를 다스리는 것입니다!

밀종 密宗 Secret School 주요 5대 중국불교 종파 중 하나로, 진언 염송에 주력합니다.

반가부좌 半跏趺坐 Half Lotus 이 자세는 왼쪽 다리만 접어서 오른쪽 허벅지 위에 올립니다. 오른쪽 다리는 왼쪽 다리 아래에 둡니다.

방편 方便 Expedient 방편은 '편리한 방법' 또는 '수단'을 가리킵니다. 이것은 제자의 잠재성에 맞게 고안된 실질적이고 실용적인 교육 수단입니다. 지혜로운 스승들은 제자들의 이해를 돕기 위한 임시방편을 사용하는 데 있어서 뛰어납니다.

번뇌 煩惱 Affliction 번뇌는 우리를 괴롭게 하는 것으로, 생각을 일으키고 마음을 움직이게 하는 모든 것이 번뇌입니다.

법 法 Dharma 대문자 'D'로 쓰일 때 Dharma는 부처님의 가르침, 불법을 가리킵니다. 소문자 'd'로 쓰면 dharma는 어떤 '사물'을 가리키는 매우 일반적인 의미를 가집니다.

법계 法界 Dharma Realm 법계는 온 우주를 뜻하는 불교 용어입니다.

법문 法門 Dharma Door 법문은 전문적인 불교 용어로, 불법(또는 법)을 수행하는 특정한 방법을 의미합니다. 불교는 우리의 장벽과 방해물들을 돌파하는 데 사용할 수 있는 수많은 다양한 법문을 가르칩니다.

벽지불 辟支佛 Pratyekabuddha 벽지불은 상좌부불교 전통에서 또 다른 형태의 성인입니다. 아라한과 마찬가지로, 그들 또한 산만한 생각을 멈출 수 있으며, 벽지불은 아라한보다 출세간적 지혜의 수준이 더 높습니다.

보리 菩提 Bodhi 보리는 산스크리트어로 보디라고 하며, 깨달음을 말합니다.

보살 菩薩 Bodhisattva 보살은 깨닫기 위해 열심히 수행하는 뛰어난 존재입니다. 그런 다음 다른 사람들도 깨닫게 하려고 더 열심히 노력합니다. 그것이 불교적인 것입니다.

복 福 Blessings 인과의 관점에서 복은 선행이나 공덕행에서 지은 선업을 나타냅니다. 예를 들어, 다른 사람들이 원하는 것을 얻도록 도와주면, 자신도 원하는 것을 얻도록 도움을 받을 것입니다. 일반적으로 복의 진실은 이러합니다. 복은 우리가 원하거나 필요로 하는 것을 얻도록 도와줍니다. 악행은 전혀 복을 가져오지 않는다는 점에 주목할 필요가 있습니다.

본성 本性 Nature 자성自性으로도 알려진 본성은 이미 우리 모두 간직한 불성을 가리킵니다. '견성見性'은 참됨을 보는 것으로, 견성하면 망상은 사라집니다.

분별심 分別心 Discriminating Mind 분별심은 의식적인 마음이나 '생각하는 마음'을 가리킵니다. 비불교적 용어로 '분별심'은 식별하려는 우리의 성향을 의미합니다.

불국토 佛國土 Buddhaland 불교에서 세계라고도 합니다. 각 불국토에는 그 세계에 나타나 교주로 활동하는 부처님이 있습니다. '세계'에 대한 설명을 참조하세요.

비로자나불 毗盧遮那佛 Vairochana 비로자나불은 대승 경전에서 언급된 수많은 부처님 중 한 부처님의 명호입니다. 그 뜻은 '법신法身'을 의미합니다. 비로자나불은 일반적으로 부처님의 또 다른 명호입니다.

사바세계 娑婆世界 Saha World 사바세계는 우리가 사는 세계입니다. 불교에서 사바세계는 하나의 행성보다 훨씬 더 큰 것으로 여겨집니다. 사실 사바세계는 은하계 전체에 해당합니다. 석가모니불은 사바세계의 교주입니다.

삼계 三界 Triple Realm 종종 윤회를 가리킵니다. 중생이 '윤회의 수레바퀴'를 타고 순환하는 삼계는 욕계欲界, 색계色界, 무색계無色界로 이루어집니다.

삼매 三昧 Samadhi 산스크리트어로 사마디인 삼매는 집중적 몰입으로 들어가는 역량을 의미합니다. 좀 더 구체적으로, 삼매는 색계의 사선정에서 무색계의 네 단계에 이르는 집중의 단계를 가리킵니다.

삼보 三寶 Triple Jewel 삼보는 ①불보佛寶 – 우주의 모든 부처님, ②법보法寶 – 모든 부처님의 가르침, ③승보僧寶 – 보살과 조사처럼 깨달은 제자들의 가르침, 이렇게 세 가지로 구성됩니다.

색계 色界 Form Realm 색계는 욕계 위 존재의 세계로, 명상을 통해 사선정을 닦아야 성취할 수 있는 집중의 영역을 가리킵니다. 선정은 삼매의 처음 네 가지 단계를 가리킵니다. 색계에 사는 존재들은 이 특별한 집중의 영역을 쉽게 경험할 수 있습니다.

선정 禪定 Dhyana 선정은 색계와 관련된 명상적 몰입의 시작 단계입니다. 여기에는 첫 번째(초선), 두 번째(이선), 세 번째(삼선), 네 번째(사선)의 네 가지 수준의 집중이 있습니다.

선종 禪宗 Chan School 중국불교 5대 종파의 하나로, 명상에 주력합니다.

세계 世界 World 불교 언어에서 세계는 전체 우주 세계를 의미하며, 현대적 의미로는 은하계에 해당합니다.

소승 小乘 Hinayana 소승은 산스크리트어로 히나야나라고 합니다. '승乘'은 실어 나를 수 있는 능력을 말합니다. '소小'는 상대적으로 제한된 적재 능력을 의미합니다. 소승의 수행자들은 그들 자신의 수행에 집중하는 반면, 대승 혹은 '큰 수레' 수행자들은 모든 중생을 제도하기 위해 지혜를 계발합니다.

아라한 阿羅漢 Arhat 아라한은 사과四果의 아라한과를 줄인 말로, 수행에서 상당히 높은 수준의 성취입니다. 이 성취는 아홉 번째 삼매의 단계로 사량思量하는 마음을 의지대로 완전히 멈출 수 있는 능력과 관련되어 있습니다. 아라한보다 수많은 더 높은 단계의 성취가 있다고 믿는 대승불교와는 달리, 소승불교에서 아라한은 가장 높은 두 단계의 성취 중 하나로 여겨집니다. 아라한과의 성취 이전 단계를 수다원, 사다함, 아나함이라고 말합니다.

아미타불 阿彌陀佛 Amitabha Buddha 아미타불은 우리로부터 서쪽으로 멀리 떨어져 있는 불국토의 교주입니다. 아미타불은 서방 극락정토라고 알려진 그의 불국토로 우리를 인도해 더 쉽게 괴로움에서 벗어나 락(bliss)을 얻게 하겠노라고 서원을 세웠습니다. 그래서 아미타불은 주로 '왕생'이나 '정토' 법문과 연관됩니다.

약사여래불 藥師如來佛 Medicine Master Buddha 약사여래불은 우리로부터 동쪽으로 멀리 떨어진 불국토의 교주입니다. 불자들은 그의 불국토나 천상에 태어나도록 약사여래불께 기도합니다. 약사여래불께 기도함으로써 질병 치유, 재앙 소멸 등 살아생전에 불가사의한 가피도 입을 수 있습니다. 자세한 사항은 우리의 『약사여래경(Medicine Master Buddha Sutra)』 강설을 참고할 수 있습니다.

업 業 Karma 산스크리트어로 카르마인 업은 '행위'를 의미합니다. 우리의 신구의身口意를 통해 형성되는 세 가지 종류의 업이 있습니다.

외도 外道 Externalist 비불교의 종교나 방법론의 일원들은 외부에서 답을 구하기 때문에 외도들입니다. 반면에 불교인들은 진정한 자유와 평안에 이르는 열쇠는 다른 곳이 아니라, 우리 자신의 마음 안에 있다고 믿습니다.

욕계 欲界 Desire Realm 인간은 욕망의 증폭을 특징으로 하는 존재의 영역인 욕계에 거주합니다. 욕계에 사는 우리 대부분은 지속해서 집중할 수 없으므로 산만하다고 간주합니다.

위음왕불 威音王佛 Awesome Sound Buddha 위음왕불이 세상에 출현한 이후 깨달은 모든 사람은 자신들의 성취를 인가받아야 합니다.

유루 有漏 Outflows '루'라는 개념은 우리 마음이 바깥을 향해 쫓아가는 것을 막지 못하는 것을 말합니다. 이로 인해 우리의 지혜로운 삶이 줄어듭니다. 가령, 우리의 감각 기관이 외부 세계와 접촉할 때 에너지가 새어 나가는데, 이것은 분명히 바람직하지 않습니다.

율종 律宗 Precepts School 중국불교 5대 종파의 하나로 계와 율에 관한 철저한 연구와 실행을 강조합니다.

일심 一心 Single-mindedness 일심은 다른 모든 생각을 배제하고 오직 한 생각에만 집중하는 역량입니다.

자아 自我 Self 우리의 소아小我는 이기적이고 편협한 나일 뿐이고, 대아大我는 본성입니다.

장 藏 Store 이것은 불교의 가르침에 관한 세 가지 부류의 총칭으로, ① 삼매를 닦기 위한 경장, ②도덕규범을 연구하기 위한 율장, ③출세간의 지혜를 탐구하기 위한 논장이 있습니다.

점오 漸悟 Gradual Enlightenment 점진적 단계를 통해 향상함으로써 점차적 깨달음을 성취하는 것입니다. 이 개념은 깨달음을 얻기 위해 시간이 오래 걸리고 큰 노력이 필요하다는 것을 의미합니다.

정토 淨土 Pure Land '정토'는 일반적으로 아미타불의 서방 극락 정토의 약칭으로 쓰입니다. 그렇지만 다른 정토들도 많이 존재합니다. 정토들은 말하자면 불교의 천상으로 간주될 수 있습니다. 실제로는 천상보다 더 좋습니다. 왜냐하면 정토의 거주자들은 천상의 즐거움(bliss)보다 훨씬 더 큰 즐거움을 경험하고, 탐욕 · 성냄 · 어리석음의 삼독심이 없기 때문입니다. 가령, 아미타불의 불국토는 정토이지만, 석가모니불의 불국토(우리가 사는 세계)는 예토穢土입니다. 이 세계에 사는 우리들은 오염됐기 때문에 우리는 탐욕 · 성냄 · 어리석음에 괴로워합니다.

정토종 淨土宗 Pure Land School 중국불교 5대 종파 중 하나이며, 이 정토종이 가장 널리 행해집니다.

조사 祖師 Patriarch 대승불교의 조사들은 특정 불교 종파의 교리를 전파하기 위해 헌신하는 것으로 알려진 깨달은 존재들입니다.

중국불교 5대 종파 The Five Schools of Chinese Buddhism 5대 종파는 선종, 정토종, 밀종, 율종, 교종입니다.

지 止 Samatha 사마타는 '멈춤'이란 뜻으로, 집중을 일으키는 명상적 과정입니다. 사마타와 위빠사나는 명상의 두 가지 상호보완적 측면입니다.

진언 眞言 Mantra 불교의 진언은 영혼과 혼령을 부릴 수 있는 특별하고 비밀스러운 주문입니다. 탄트라(tantra)로도 알려진 진언은 깨달음을 얻기 위해 불교 밀종에서 사용하는 주된 수행법입니다.

집착 執着 Attachment 집착할 때 우리는 무언가를 움켜쥐고 내려놓지 못하는 경향이 있습니다. 집착은 명상 중에 생각이 일어나고 명상을 방해하는 방식으로 나타납니다. 예를 들어, 통증과 고통에 대한 혐오 같은 집착은 명상을 포기하고 자리에서 일어나려는 욕구로 나타납니다.

출세간 出世間 Transcendental 우리는 삼계를 초월하는 방법을 배우기 위해 수행합니다. 이것을 달성한 사람들은 출세간의 지혜를 얻는다고 합니다.

쿵푸 功夫 Gongfu 쿵푸는 '기량'을 뜻하는 중국말로, 주로 무술 장면에서 사용됩니다. 이 책에서 쿵푸는 삼매 또는 집중력과 통용됩니다.

탄트라 Tantra 만트라(Mantra)와 같은 의미입니다.

통증의 장벽 Pain Barrier 오래 앉아 있을 때 연속적인 통증의 장벽을 통과합니다. 계속 앉아 있으면 통증은 사라질 것입니다!

화두 話頭 Hua Tou 이 말은 문자 그대로 '말머리'를 의미하고 말 앞에 또는 생각 이전에 오는 것을 가리킵니다. 이것은 돈오(頓悟: 갑작스러운 깨달음)할 수 있는 높은 수준의 명상 기법입니다.

상욱 스님의 선 이야기

강원을 졸업하고 막연히 해외의 유명한 수행처에 가서 수행하고 싶다는 바람이 있었습니다. 그래서 은사스님의 허락을 받아 동안거를 마치고 해외로 나갈 계획을 세웠습니다. 그러던 어느 날 동안거 시작을 몇 주 앞두고 문득 현안 스님이 은사스님 절에 찾아오면서 영화선사님과의 인연이 시작되었고, 모든 계획이 송두리째 변경되었습니다. 그해 겨울 저는 한국에서 동안거를 지내는 대신 미국 여산사에서 2달간 불칠과 선칠에 참여했습니다. 그 후 1년 6개월 만에 다시 미국에 오게 되었고, 어느덧 선사님의 지도하에 수행한 지 5년이 되어갑니다.

혹자는 미국에서 중국 위앙종 전통의 불교를 수행한다는 것에 대해 의아하게 생각할지도 모릅니다. 불교의 유구한 역사와 수행 전통을 자랑하는 곳이 많은데 왜 하필 미국에서 불교를 수행하는 것일까요? 시간이 지남에 따라 이에 대한 답은 쉽게 얻을 수 있었습니다. 바로 선지식과 다양한 수행법이 있기 때문입니다. 선지식의 중요성에 대해서는 이미 한국에서도 많이 들어봤습니다. 하지만 여기에서 경험하는 선지식의 역할은 제가 생각했던 것보다 훨씬 중요함을 알게 되었습니다. 선지식은 제자들이 현재 어느 단계에 있고 어떻게 나아가야 하는지를 압니다. 그래서 일상생활에서 제자를 지켜보면서 적절한 때에 적절한 가르침을 줍니다. 이를 위해서는 선지식 곁에서 같이 생활하는 것이 큰 이점입니다. 문제가 생겼을 때, 질문이 있을 때, 바로바로 묻고 도움을 청할 수 있기 때문입니다.

또한 이곳에서는 선, 정토, 만트라, 예불, 참회 등 다양한 수행법을 가르칩니다. 그중에서도 많은 사람들이 수행하고 크게 효과를 얻은 방법은 결가부좌 수행입니다. 대부분의 사람들에게 결가부좌라는 자세는 절대 쉽지 않습니다. 조금만 앉으면 고통으로 몸부림을 치게 됩니다. 하지만 선사님은 단 몇 분이라도 결가부좌를 할 수 있다면 결가부좌 수행을 하도록 권합니다. 그만큼 다른 좌법에 비해서 결가부좌 수행의 효과가 뛰어나기 때문입니다. 실제로 많은 사람들이 결가부좌 수행을 통해 일상에서 접하는 많은 문제들에 지혜롭게 대처하고 있습니다. 결가부좌 수행으로 스트레스, 대인관계의 어려움, 신체적·정신적 문제들이 많이 완화되었다는 것이 사람들의 공통된 반응입니다. 결가부좌 수행을 통해서 각자 이로움을 경험하면 정토, 주력, 예불, 참회 등의 다른 방편도 같이 적용하여 수행은 더욱 깊어집니다.

많은 사람들의 노고로 오랜 준비 끝에 『영화 스님의 선禪 명상』이 출간되었습니다. 이 책에는 선사님이 평소에 강조하던 가르침이 담겨 있습니다. 초심자를 위해 기초적인 앉는 자세부터 경험있는 수행자를 위한 기본 마음가짐과 주의사항까지 상세한 설명을 아우릅니다. 특히 수행 과정 중 진전의 척도와 올바른 수행을 위한 스승과 복의 중요성에 대해서 상세하게 설명합니다. 선사님의 지도하에 수행하면 할수록 스승의 도움이 있어야 바른 길로 빨리 갈 수 있다는 점, 복을 지어야 진전할 수 있다는 점 등이 새록새록 마음에 깊이 와닿습니다. 책에 쓰인 글에 따라 혼자서 더듬거리며 하는 수행이 아닌, 살아있는 선지식 곁에서 직접 가르침을 받고 수행할 수 있다는 것은 큰 복이 아닐 수 없습니다.

　선사님은 늘 단단한 기반을 강조합니다. 기반이 단단하지 않으면 멀리 가지 못하고 쉽게 벽에 부딪힙니다. 부디 이 책이 수행의 단단한 기반이 되어, 많은 수행자들이 장애 없이 올바른 수행길로 나아가게 되기를 바랍니다.

영화선사 Chan Master YongHua

베트남 태생의 영화선사는, 전쟁으로 폐허가 된 조국의 재건을 돕기 위해 나중에 베트남으로 다시 돌아오겠다는 포부를 갖고 미국으로 건너갔습니다. 미국의 대학에서 이공계 학사와 MBA 경영학 석사학위를 받았지만, 회사에서 경영진에 오른 후 비즈니스 세계에 환멸을 느꼈습니다. 이 무렵, 선화상인의 가르침을 접했고, 이로 인해 출가수행에 입문하고자 하는 열망을 품었습니다. 그는 곧 자신의 참된 소명을 발견하고 남은 생애를 불교에 헌신하기로 결심했습니다.

영화선사는 선화상인의 위앙종의 선을 공부했을 뿐만 아니라, 만각선사의 임제종도 계승했습니다. 25년 이상 대승불교를 연구해 온 영화선사는 이제 불법을 널리 전하고 다음 세대의 수행자 양성에 전력해서 '스승의 은혜에 보답'하는 불교 전통을 이어가고 있습니다. 지난 몇 년간, 영화선사의 많은 학생은 숙련된 명상가들이 되었습니다.

영화선사는 선과 정토 수행의 병행을 옹호합니다. 잠재성이 있는 사람들은 선을 통해 바로 자유를 얻을 수 있습니다. 나아가, 진정으로 믿는 모든 사람은 이번 생의 마지막에 정토에 왕생할 기회가 주어질 것입니다. 영화선사는 부처님의 옛 가르침을 실용적이고 현대적으로 설명하여 성인들의 지혜를 꿰뚫고 일상생활에 적용할 수 있도록 합니다. 그럼으로써 모든 중생이 빨리 괴로움에서 벗어나 락(bliss)을 누릴 수 있게 하고자 합니다.

옮긴이 윤희조

서울불교대학원대학교에서 불교학박사학위를 취득하고 불교학과 불교상담학전공 전공지도교수를 맡고 있다. 저서로『불교의 언어관』, 『불교심리학 연구』가 있고, 10여 편의 역서와 40여 편의 논문이 있다.

옮긴이 박재은

서울불교대학원대학교에서 명상학박사학위를 취득하고 불교학과 명상학전공 초빙교수를 맡고 있다. 저서로는『균형의 마음, 우뻬카』가 있다.

표지 및 본문 사진 : 최배문

영화 스님의 선禪 명상

초판 1쇄 발행 2024년 3월 21일 | **초판 2쇄 발행** 2024년 4월 30일
지은이 영화 스님 | **옮긴이** 윤희조, 박재은 | **펴낸이** 김시열
펴낸곳 도서출판 운주사

(02832) 서울시 성북구 동소문로 67-1 성심빌딩 3층

전화 (02) 926-8361 | 팩스 0505-115-8361
ISBN 978-89-5746-766-4 03220 값 15,000원
http://cafe.daum.net/unjubooks 〈다음카페: 도서출판 운주사〉